Simon Mumu
Kingsford Rucha

Opérations électroniques et performance organisationnelle au sein du gouvernement

Simon Mumu
Kingsford Rucha

Opérations électroniques et performance organisationnelle au sein du gouvernement

ScienciaScripts

Imprint

Any brand names and product names mentioned in this book are subject to trademark, brand or patent protection and are trademarks or registered trademarks of their respective holders. The use of brand names, product names, common names, trade names, product descriptions etc. even without a particular marking in this work is in no way to be construed to mean that such names may be regarded as unrestricted in respect of trademark and brand protection legislation and could thus be used by anyone.

Cover image: www.ingimage.com

This book is a translation from the original published under ISBN 978-613-8-33233-6.

Publisher:
Sciencia Scripts
is a trademark of
Dodo Books Indian Ocean Ltd. and OmniScriptum S.R.L publishing group

120 High Road, East Finchley, London, N2 9ED, United Kingdom
Str. Armeneasca 28/1, office 1, Chisinau MD-2012, Republic of Moldova, Europe
Printed at: see last page
ISBN: 978-620-5-38472-5

RELATION ENTRE LES OPÉRATIONS ÉLECTRONIQUES ET LA PERFORMANCE ORGANISATIONNELLE DES AGENCES GOUVERNEMENTALES AU KENYA

Simon Mutinda Mumu
Dr. Rucha Kingsford

RÉSUMÉ

Les opérations électroniques dans les administrations publiques offrent de nombreuses possibilités d'améliorer la qualité du service aux citoyens. Les employés du gouvernement devraient être en mesure de travailler aussi facilement, efficacement et effectivement que leurs homologues du monde commercial (simplification de la prestation de services aux citoyens, 2002). Les deux dernières décennies ont été marquées par une évolution mondiale vers les opérations électroniques, l'objectif étant d'introduire des changements radicaux dans l'approche traditionnelle de la prestation de services publics. Cette évolution est due à deux révolutions mondiales : la révolution de l'information et la révolution de la gouvernance (Heeks, 2001). La performance organisationnelle comprend la production ou les résultats réels d'une organisation, mesurés par rapport à ses buts et objectifs prévus. L'objectif général de cette étude est d'établir la relation entre les e-opérations et la performance organisationnelle parmi les agences gouvernementales. L'étude a adopté une approche exploratoire en utilisant une conception d'enquête descriptive, qui a assuré la facilité de compréhension de la perspicacité et des idées sur le problème. Les données primaires et secondaires ont été utilisées. Les données secondaires ont été obtenues à partir des systèmes d'information des agences gouvernementales du Kenya. Des statistiques descriptives sous forme de fréquences, de moyennes et d'écarts types ont été utilisées pour analyser les données obtenues à partir du programme d'observation.

Mots clés : Gestion électronique des opérations, performance des opérations, *approvisionnement électronique*, performance organisationnelle.

TABLE DES MATIÈRES

INTRODUCTION

1.1 Contexte de l'étude

Les opérations électroniques font référence aux services basés sur la technologie qui permettent les interactions numériques entre un gouvernement et les citoyens (G2C), le gouvernement et les entreprises (G2B), le gouvernement et les employés (G2E) et le gouvernement et les gouvernements/agences (G2G) (Irani & Love, 2002). Selon Chase et al. (2004), la stratégie des opérations doit développer un objectif opérationnel. L'objectif opérationnel comprend le traitement des clients en termes d'amabilité et de serviabilité, la rapidité et la commodité de la prestation de services, le prix du service, la variété des services disponibles, la qualité des biens matériels qui sont au cœur du service, et le type et la disponibilité des compétences uniques qui peuvent faire partie du service. L'e-opérationnalité dans le gouvernement est un instrument clé pour la modernisation et les réformes, car les gouvernements sont confrontés à une pression continue, à l'augmentation de leur performance et à l'adaptation à la pression de la nouvelle société de l'information (Mclean & Jelassi, 2003).

Les opérations électroniques au sein du gouvernement sont de plus en plus identifiées dans le cadre de développement du gouvernement comme un instrument permettant d'atteindre la prospérité économique (Waema & Mitulla, 2007). D'après le MoICT (2008), le Kenya E-operations in government Secretariat a été créé en 2004 sous l'égide du Bureau du Président pour servir d'organe de surveillance et galvaniser tous les projets TIC au sein du gouvernement afin d'améliorer la prestation de services de tous les ministères. Le ministère de l'information et des communications a été créé en 2004 pour la première fois dans l'histoire du Kenya, principalement pour gérer les objectifs plus larges d'accès universel afin de permettre aux citoyens de participer activement à une économie mondiale de plus en plus basée sur la connaissance.)

Les études empiriques ont défini les opérations électroniques dans les administrations publiques de différentes manières : Coleman (2006)
a défini les opérations électroniques dans l'administration comme la combinaison de services
électroniques basés sur l'information

(administration électronique) avec le renforcement d'éléments participatifs (démocratie électronique) pour

atteindre l'objectif d'"opérations électroniques équilibrées". Muir et Oppenheim (2002) ont défini les

opérations électroniques

dans l'administration comme la fourniture d'informations et de services gouvernementaux en ligne

par le biais d'Internet ou d'autres moyens numériques. Les

opérations électroniques dans l'administration ont également été définies comme la

fourniture de services améliorés aux citoyens, aux entreprises et aux autres membres de la société

en changeant radicalement la façon dont les gouvernements gèrent l'information (Kumar et al., 2007).

La fourniture de services par voie électronique par le gouvernement exige une utilisation appropriée des

technologies de l'information et de la communication (TIC) pour faire progresser les objectifs du

secteur

public

et pour créer un environnement favorable à la croissance sociale et économique (ONU, 2008). Le succès global des opérations électroniques dans l'administration publique devrait être lié à la

réalisation de buts et d'objectifs concernant la fourniture de services, l'amélioration de l'efficacité de la gestion (y compris l'efficience), la promotion de la participation et d'autres mécanismes démocratiques, et la création d'un cadre juridique et réglementaire approprié (Gil-García & Luna-Reyes, 2007).

1.1.1 E-Opérations

Les deux dernières décennies ont été marquées par une évolution mondiale vers les opérations électroniques, l'objectif étant d'introduire des changements radicaux dans l'approche traditionnelle de la prestation des services publics. Cette évolution est le fruit de deux révolutions mondiales : la révolution de l'information et la révolution de la gouvernance (Heeks, 2001). Ces deux révolutions ont été rendues possibles par les progrès des technologies de l'information et de la communication (TIC), qui ont permis une communication moins chère et plus rapide, et par la méthode de diffusion de l'information, qui a transcendé les frontières traditionnelles des opérations sur papier et accéléré la fourniture de services publics par le biais des TIC (Kumar et Best, 2006). Ce changement est considéré comme une priorité absolue pour les organismes qui cherchent à améliorer l'efficience et l'efficacité des services publics (Chen *et al*, 2006). Une récente enquête sur les opérations électroniques menée par l'Organisation des Nations unies (ONU) en 2012 (ONU, 2012) a révélé que la quasi-totalité des 193 États membres se sont lancés dans la mise en œuvre d'une certaine forme d'opérations électroniques au sein du gouvernement. Le rapport indique également une grande variance dans la mise en œuvre entre les différents États membres, basée sur les différences de facteurs de gestion, de culture, d'infrastructure et d'agence humaine. Chaque pays offre un environnement unique pour la mise en œuvre des opérations électroniques dans les projets gouvernementaux. Il semble que chaque environnement ait des motivations différentes aux premiers stades de la mise en œuvre, ce qui peut induire des événements uniques qui modifient l'orientation des stratégies d'e-opérations dans les gouvernements. L'étude des e-opérations spécifiques dans les initiatives gouvernementales peut donc offrir une compréhension plus profonde du phénomène et créer un paradigme d'apprentissage pour le domaine de la recherche sur les e-opérations gouvernementales (Jaeger, 2003). Loin des autorités publiques centrales, les entreprises régionales (également appelées rurales) n'ont pas un accès direct et physique à tous les services offerts par les agences gouvernementales ou publiques. Très souvent, ces services sont essentiels pour les entreprises, principalement les petites et moyennes entreprises (PME) de ces régions afin de réaliser leurs opérations commerciales. Ils comprennent les services offerts par plusieurs types d'agences/autorités gouvernementales, depuis les bureaux des impôts, les autorités législatives et les autorités locales, jusqu'aux chambres de commerce (Huang, 2009 ; Salkute et Kohle, 2011). Les technologies de l'information et de la communication

(TIC) visent à résoudre ces problèmes, d'abord en fournissant les moyens aux autorités publiques de déployer et d'offrir des services d'opérations électroniques (e-opérations), et ensuite en facilitant l'accès des PME rurales à ces services à distance. D'autre part, il arrive souvent que les professionnels et les citoyens ne soient pas au courant des services publics disponibles par voie électronique, ou ne sachent pas comment les utiliser efficacement pour en tirer des avantages dans leurs activités quotidiennes.

Une stratégie d'opérations en ligne est un élément fondamental de la modernisation du secteur public, qui passe par l'identification et le développement de la structure organisationnelle, des modes d'interaction avec les citoyens et les entreprises, et par la réduction des coûts et des niveaux des processus organisationnels. Elle fournit une grande variété d'informations aux citoyens et aux entreprises par le biais d'Internet. Cependant, le rôle des e-opérations dans le gouvernement ne consiste pas seulement à fournir des informations et des services aux citoyens, qui pourraient être fournis par des entreprises commerciales. Les e-opérations peuvent développer les connexions stratégiques entre les organisations du secteur public et leurs départements, et établir une communication entre les niveaux de gouvernement (par exemple, central, départemental et local). Cette connexion et cette communication améliorent la coopération entre eux en facilitant la fourniture et la mise en œuvre des stratégies, des transactions et des politiques gouvernementales, ainsi qu'une meilleure utilisation et un meilleur fonctionnement des processus, des informations et des ressources gouvernementales (Cabinet Office, 2000 ; Heeks, 2001). Les gouvernements peuvent également transférer des fonds par voie électronique à d'autres organismes gouvernementaux ou fournir des informations aux employés publics par le biais d'un intranet ou d'Internet. Le Cabinet Office (2000) et Tyndale (2002) sont tous deux d'accord pour dire que les opérations électroniques dans le gouvernement ont amélioré la communication entre les différentes parties des gouvernements, de sorte que les gens n'ont pas besoin de demander à plusieurs reprises les mêmes informations à différents prestataires de services.

1.1.2 Performance organisationnelle

La performance organisationnelle comprend la production ou les résultats réels d'une organisation, mesurés par rapport à ses buts et objectifs prévus. Le tableau de bord équilibré se concentre sur quatre perspectives. Ces perspectives sont les suivantes : finances, clients, processus d'affaires internes et apprentissage et croissance. (Kaplan et Norton, 1996). La performance organisationnelle est le concept qui consiste à mesurer le résultat d'un processus ou d'une procédure particulière, puis à modifier le processus ou la procédure pour augmenter le résultat, l'efficacité ou l'efficience du processus ou de la procédure. Le concept de performance organisationnelle peut s'appliquer soit à la performance individuelle, comme celle d'un athlète, soit à la performance organisationnelle, comme celle d'une équipe de course, d'une entreprise commerciale ou même d'une ferme ou d'un élevage. Dans l'amélioration de la performance, la performance organisationnelle est le concept de changement organisationnel dans lequel les gestionnaires et l'organe directeur d'une organisation mettent en place et gèrent un programme qui mesure le niveau actuel de performance de l'organisation et génère ensuite des idées pour modifier le comportement organisationnel et l'infrastructure qui sont mis en place pour obtenir un rendement plus élevé.

Les principaux objectifs de la performance organisationnelle sont d'accroître l'efficacité et l'efficience de l'organisation afin d'améliorer la capacité de l'organisation à fournir des biens et/ou des services. Un autre domaine de la performance organisationnelle qui vise parfois l'amélioration continue est l'efficacité organisationnelle, qui implique le processus d'établissement de buts et d'objectifs organisationnels dans un cycle continu. La performance organisationnelle au niveau opérationnel ou de l'employé individuel implique généralement des processus tels que le contrôle statistique de la qualité. Au niveau organisationnel, la performance implique généralement des formes de mesure plus douces telles que les enquêtes de satisfaction de la clientèle qui sont utilisées pour obtenir des informations qualitatives sur la performance du point de vue des clients (Robert, 2001).

1.1.3 E-opérations et performance

De nombreuses recherches ont révélé le lien positif entre l'innovation et la performance des services gouvernementaux. L'innovation peut renforcer les avantages concurrentiels du gouvernement pour bien servir les gens et atteindre le plus grand nombre (Harvey, 2000 ; McAfee, 2002). Comme l'adoption de la technologie dans le processus de service logistique peut également être considérée comme une innovation technologique pour le ministère, on s'attend à ce qu'il y ait une relation positive entre l'adoption de la technologie et la performance de la chaîne d'approvisionnement pour les fournisseurs de services. En outre, sur la base de la vision basée sur les ressources. Une entreprise doit développer une stratégie viable pour produire une performance supérieure (Grant, 1991). Murphy et Poist (2000) ont affirmé que les capacités des services logistiques, y compris l'efficacité de l'entreposage, du transport et du paiement des factures de fret, sont les moteurs d'une performance supérieure de la chaîne d'approvisionnement. La technologie peut faciliter l'identification au niveau des articles, ce qui est utile pour identifier facilement et efficacement chaque article dans l'ensemble de la chaîne d'approvisionnement (Davis et Luehlfing, 2004). Elle est utile pour faire progresser la capacité de réponse rapide. Comme les capacités de service telles que la réactivité et la flexibilité peuvent améliorer les performances, les entreprises dotées de meilleures capacités de service peuvent atteindre des performances de service plus élevées (Lai, 2004 ; Zhao et al., 2001). Par conséquent, on peut s'attendre à ce que la technologie améliore la performance de la chaîne d'approvisionnement pour l'industrie de la logistique. La pleine utilisation des opérations électroniques apportera de nombreux avantages à la philosophie de gestion de nombreux gouvernements et permettra de combler le fossé d'interaction entre les citoyens ordinaires et le gouvernement. Cela signifie que les citoyens peuvent participer en collaboration à la prise de décision et à l'élaboration des politiques. En effet, les gouvernements sont considérés comme des établissements bureaucratiques complexes et gigantesques, avec un ensemble de silos d'information qui érigent des barrières à l'accès à l'information et rendent la prestation de services lourde et frustrante (Coleman, 2006). L'e-opérationnalité dans l'administration peut également permettre aux gouvernements et aux citoyens de réaliser d'énormes économies, d'accroître la transparence et de réduire les activités de corruption dans la prestation des services publics. Des études antérieures ont classé la prestation de services publics en trois groupes : publication, interaction et transaction (Kumar et al. 2007).

En proposant des critères d'adoption pour les opérations électroniques dans le gouvernement, Warkentin et al. (2002) ont proposé un modèle conceptuel dans lequel la confiance des citoyens est le catalyseur sous-jacent de l'adoption des opérations électroniques dans le gouvernement. Gilbert et Balestrini (2004) ont proposé et testé un modèle qui combine des approches basées sur l'attitude et sur la qualité du service. L'étude de Warkentin et al. (2002) propose le risque perçu, le contrôle comportemental perçu, l'utilité et la facilité d'utilisation perçue. Elle définit le risque perçu comme la peur de perdre des informations personnelles et la peur d'être surveillé sur Internet. Il ressort du modèle conceptuel proposé que si un individu avait le contrôle de la manière dont ses informations personnelles vont être utilisées, et le contrôle de la manière et du moment où les informations peuvent être acquises, l'adoption des opérations électroniques dans le gouvernement pourrait être possible. Dans ce modèle, il y avait également la distance de pouvoir, qui est la distance entre les castes supérieures et inférieures de la société, et qui indique que les citoyens des pays où la distance de pouvoir est élevée sont plus susceptibles d'adopter des opérations électroniques dans le gouvernement que ceux des pays où la distance de pouvoir est faible. L'autre modèle de Gilbert et Balestrini (2004) réunit les approches basées sur l'attitude et sur la qualité du service. Le modèle décrit la volonté d'utiliser les opérations électroniques dans les services publics en intégrant les avantages relatifs perçus (confidentialité, facilité d'utilisation, sécurité, fiabilité, attrait visuel et plaisir) et perçus.

1.1.4 Agences gouvernementales au Kenya

Une société appartenant à l'État, une entreprise d'État ou une entreprise publique est une entité juridique créée par un gouvernement pour entreprendre des activités commerciales au nom du gouvernement propriétaire et est généralement considérée comme un élément ou une partie de l'État. Il n'existe pas de définition standard mais les caractéristiques déterminantes sont qu'elles ont une forme juridique distincte et qu'elles sont établies pour opérer dans des affaires commerciales ou des objectifs de politique publique. Elles peuvent également être entièrement ou partiellement détenues par le gouvernement.

Au Kenya, les sociétés d'État relèvent de divers ministères de tutelle et ont été créées par des lois du Parlement et en vertu des dispositions de la loi sur les sociétés d'État (cap 446), lois du Kenya. Les entreprises sont classées par catégories sur une base fonctionnelle, principalement les entreprises financières, commerciales/manufacturières, réglementaires, les universités publiques, la formation et la recherche, les autorités de développement régional, l'éducation et la formation tertiaires et les entreprises de services. Certaines des sociétés d'État sont semi-autonomes dans la mesure où elles disposent de leur propre budget et génèrent leurs propres revenus. Elles ne dépendent donc pas de l'État pour leur financement, mais elles opèrent dans le cadre des directives et du mandat du gouvernement.

1.2 Problème de recherche

Les opérations électroniques dans l'administration offrent de nombreuses possibilités d'améliorer la qualité du service aux citoyens. Les citoyens devraient pouvoir obtenir un service ou des informations en quelques minutes ou quelques heures, alors que la norme actuelle est de plusieurs jours ou semaines. Les citoyens, les entreprises et les administrations locales et d'État devraient pouvoir trouver les rapports nécessaires sans avoir à recourir aux services d'experts (Heeks, 2003). Les employés du gouvernement devraient être en mesure de faire leur travail aussi facilement, efficacement et effectivement que leurs homologues du monde commercial (simplification de la prestation de services aux citoyens, 2002).

Bien que de nombreux gouvernements de pays en développement soient enthousiastes à l'égard des opérations électroniques dans l'administration et offrent un certain niveau de service en ligne, pourquoi la mise en œuvre des opérations électroniques dans les services publics reste-t-elle difficile ? La raison en est simple : l'e-opérationnalité dans l'administration n'est pas facile. L'e-opérationnalité dans l'administration consiste à utiliser des technologies informatiques et à les combiner avec des processus administratifs humains pour créer de nouvelles façons de servir les citoyens.

Les organisations doivent adapter les TIC aux processus d'entreprise. De même, les processus opérationnels doivent s'adapter aux TIC. Les TIC offrent de nouvelles fonctions permettant de faire des choses qui n'étaient pas possibles auparavant. Il n'est pas seulement difficile pour les organisations de comprendre les systèmes informatiques, il est également difficile de comprendre les processus commerciaux, législatifs et politiques qui composent les opérations quotidiennes de tous les types d'institutions gouvernementales. Nombre de ces processus impliquent de nombreuses étapes et procédures qui ont évolué de manière idiosyncratique pour se conformer à la législation, aux mandats et aux normes fondés sur la structure bureaucratique formelle et les pratiques informelles des employés de chaque ministère.

Les gouvernements doivent comprendre le contexte local et les pratiques locales dans lesquels les TIC seront utilisées pour fournir des opérations électroniques dans les services gouvernementaux (Robey et al. 2007). En général, les pays en développement adoptent souvent des TIC et des logiciels conçus dans le monde développé et qui leur sont présentés par le biais de programmes de transfert de technologie. Un cas largement infructueux est un cas où certains objectifs ont été atteints mais où la plupart des groupes de parties prenantes n'ont pas atteint leurs principaux objectifs et/ou ont connu des résultats indésirables importants. Cependant, alors que les opérations électroniques au sein du gouvernement continuent d'être présentées comme une initiative essentielle à la transformation du gouvernement, les interprétations multiples et le flou général de la gouvernance électronique en tant que concept ont été notés, en partie en raison du manque de reconnaissance approfondie de ses environnements politiques et institutionnels complexes (Yildiz, 2007).

De nombreux chercheurs se sont donné pour objectif de comprendre les initiatives qui encouragent l'adoption des e-opérations dans les services gouvernementaux dans différents environnements. Ces études ont montré qu'en dépit des caractéristiques différentes des différents environnements, il existe des initiatives générales qui encouragent l'adoption des e-opérations dans les services gouvernementaux par les citoyens ordinaires.

Les opérations électroniques devraient également être utilisées pour améliorer la manière dont les fonctionnaires utilisent les ressources publiques pour soutenir la société (Kerby, 2005). Le véritable potentiel du gouvernement électronique en ce qui concerne une participation plus directe des citoyens à la gouvernance et à la prise de décision publique n'est pas encore complètement compris à mon avis. Ainsi, la détermination de mesures significatives du succès ou de l'échec des opérations électroniques dans le gouvernement en ce qui concerne l'engagement des citoyens doit faire l'objet d'une réflexion plus approfondie (Gabardi, 2001).

Localement, Kamuren (2006) a fait une étude sur la stratégie de licence et l'avantage concurrentiel dans l'industrie du suivi des véhicules ; un cas de Car Track (K) LTD. Ndungu, (2006) a effectué une recherche sur le maintien d'un avantage concurrentiel chez British Airways World Cargo - Kenya. Kung'u (2007) a mené une enquête sur les défis de la mise en œuvre de la stratégie dans les principales églises du Kenya, tandis que Mecha (2007) a étudié le choix de la stratégie de la Kenya Pipeline Company en utilisant la matrice des grandes stratégies d'Ansoff. Cependant, aucune de ces études locales et internationales n'a centré ses recherches sur la relation entre les opérations électroniques et la performance organisationnelle des agences gouvernementales.

1.3 Objectif de la recherche

L'objectif général de cette étude est d'établir la relation entre les e-opérations et la performance organisationnelle des agences gouvernementales.

Les objectifs spécifiques de l'étude sont les suivants ;

i.   Évaluer le degré d'adoption des opérations électroniques dans les agences gouvernementales au Kenya.

ii.   Déterminer la relation entre les e-opérations et la performance organisationnelle dans les agences gouvernementales au Kenya.

1.4 Valeur de l'étude

L'étude a ajouté de la valeur et des connaissances sur la façon de mettre en œuvre des opérations électroniques directes pour les utilisateurs finaux ainsi que pour les agences gouvernementales au Kenya. Deuxièmement, l'étude a également ajouté de la théorie sur la façon de mieux améliorer la prestation de services par le biais des opérations en ligne, conformément aux attentes du public. En outre, la recherche a permis d'approfondir la compréhension du domaine de la fourniture de services avec de meilleurs sites Web d'interaction.

L'étude a été utile aux conseils d'administration des agences gouvernementales au Kenya en fournissant des lignes directrices sur les aspects essentiels des opérations électroniques dans les ministères. Les conseils d'administration agissent au nom des parties prenantes et s'efforcent toujours de rendre compte de manière exhaustive, précise et en temps voulu. Les résultats de l'étude ont servi de point de départ à d'autres recherches sur le gouvernement électronique pour les universitaires et les chercheurs en général. L'étude a ouvert les yeux sur la recherche dans les gouvernements en développement. Les résultats de cette étude seraient également précieux pour les chercheurs et les universitaires, car ils constitueraient une base pour de nouvelles recherches. Les étudiants et les universitaires utiliseraient cette étude comme base de discussion sur l'effet des opérations électroniques dans les opérations gouvernementales sur l'efficacité organisationnelle et l'efficience des processus.

RÉSUMÉ

Les organisations doivent adapter les TIC aux processus opérationnels. Les opérations électroniques dans les administrations publiques offrent de nombreuses possibilités d'améliorer la qualité du service aux citoyens. Les citoyens devraient être en mesure d'obtenir un service ou une information en quelques minutes ou quelques heures, contre des jours ou des semaines aujourd'hui, les citoyens, les entreprises et les gouvernements locaux et d'état devraient être en mesure de trouver les rapports requis sans avoir à engager les services d'experts. Les objectifs spécifiques de l'étude étaient d'évaluer l'étendue de l'adoption des opérations électroniques dans les agences gouvernementales au Kenya et de déterminer la relation entre les opérations électroniques et la performance organisationnelle dans les agences gouvernementales au Kenya. L'étude a adopté un modèle de recherche descriptif, qui a permis de faciliter la compréhension de la vision et des idées sur le problème. Cette recherche a utilisé à la fois des données primaires et des données secondaires. Les données secondaires ont été obtenues à partir des systèmes d'information des agences gouvernementales du Kenya. Les données primaires ont été recueillies par le biais de questionnaires semi-structurés. Les données primaires ont été collectées par le biais de questionnaires semi-structurés. L'enquête a été menée en utilisant la méthode du drop and pick auprès d'un échantillon de 10% de 175 répondants sur 1750 employés travaillant dans des agences gouvernementales au Kenya. Les données provenant des questionnaires et du programme d'entretien ont été codées et les réponses à chaque question ont été classées dans des thèmes principaux spécifiques. Les données obtenues à partir des instruments de recherche ont été analysées à l'aide de statistiques descriptives (fréquences et pourcentages) et de statistiques inférentielles. Sur la base des résultats ci-dessus, l'étude conclut que la technologie a été utilisée dans une large mesure dans divers départements, notamment : L'analyse des risques, le contrôle des risques, la surveillance des risques et l'évaluation des risques. L'étude permet également de conclure que le manque de soutien de la direction, la peur de la technologie, les problèmes de sécurité, le niveau d'alphabétisation des clients et le manque de compétences du personnel informatique constituent un obstacle à la qualité du service dans le département.

Mots clés : Gestion électronique des opérations, performance des opérations, *approvisionnement électronique*, performance organisationnelle.

INTRODUCTION

1.1 Contexte de l'étude

Les opérations électroniques font référence aux services basés sur la technologie qui permettent les interactions numériques entre un gouvernement et les citoyens (G2C), le gouvernement et les entreprises (G2B), le gouvernement et les employés (G2E) et le gouvernement et les gouvernements/agences (G2G) (Irani & Love, 2002). Selon Chase et al. (2004), la stratégie des opérations doit développer un objectif opérationnel. L'objectif opérationnel comprend le traitement des clients en termes d'amabilité et de serviabilité, la rapidité et la commodité de la prestation de services, le prix du service, la variété des services disponibles, la qualité des biens matériels qui sont au cœur du service, et le type et la disponibilité des compétences uniques qui peuvent faire partie du service. L'e-opérationnalité dans le gouvernement est un instrument clé pour la modernisation et les réformes, car les gouvernements sont confrontés à une pression continue, à l'augmentation de leur performance et à l'adaptation à la pression de la nouvelle société de l'information (Mclean & Jelassi, 2003).

Les opérations électroniques au sein du gouvernement sont de plus en plus identifiées dans le cadre de développement du gouvernement comme un instrument permettant d'atteindre la prospérité économique (Waema & Mitulla, 2007). D'après le MoICT (2008), le Kenya E-operations in government Secretariat a été créé en 2004 sous l'égide du Bureau du Président pour servir d'organe de surveillance et galvaniser tous les projets TIC au sein du gouvernement afin d'améliorer la prestation de services de tous les ministères. Le ministère de l'information et des communications a été créé en 2004 pour la première fois dans l'histoire du Kenya, principalement pour gérer les objectifs plus larges d'accès universel afin de permettre aux citoyens de participer activement à une économie mondiale de plus en plus basée sur la connaissance.)

Les études empiriques ont défini les opérations électroniques dans les administrations publiques de différentes manières : Coleman (2006) a défini l'e-opérationnalité dans l'administration comme la combinaison de services électroniques basés sur l'information (e-administration) avec le renforcement des éléments participatifs (-edemocracy) pour atteindre l'objectif d'une " e-opérationnalité équilibrée ". Muir et Oppenheim (2002) ont défini les opérations électroniques dans l'administration comme la fourniture d'informations et de services gouvernementaux en ligne par le biais d'Internet ou d'autres moyens numériques. Les opérations électroniques dans l'administration ont également été définies comme la prestation de services améliorés aux citoyens, aux entreprises et aux autres membres de la société en modifiant radicalement la façon dont les gouvernements gèrent l'information (Kumar et al., 2007). La fourniture de services par voie électronique par le gouvernement exige une utilisation appropriée des technologies de l'information et de la communication (TIC) pour faire progresser les objectifs du secteur public et pour créer un environnement favorable à la croissance sociale et économique (ONU, 2008). Le succès global des opérations électroniques dans l'administration publique devrait être lié à la réalisation de buts et d'objectifs concernant la fourniture de services, l'amélioration de l'efficacité de la gestion (y compris l'efficience), la promotion de la participation et d'autres mécanismes démocratiques, et la création d'un cadre juridique et réglementaire approprié (Gil-García & Luna-Reyes, 2007).

1.1.1 E-Opérations

Les deux dernières décennies ont été marquées par une évolution mondiale vers les opérations électroniques, l'objectif étant d'introduire des changements radicaux dans l'approche traditionnelle de la prestation des services publics. Cette évolution est le fruit de deux révolutions mondiales : la révolution de l'information et la révolution de la gouvernance (Heeks, 2001). Ces deux révolutions ont été rendues possibles par les progrès des technologies de l'information et de la communication (TIC), qui ont permis une communication moins chère et plus rapide, et par la méthode de diffusion de l'information, qui a transcendé les frontières traditionnelles des opérations sur papier et accéléré la fourniture de services publics par le biais des TIC (Kumar et Best, 2006).

Ce changement est considéré comme une priorité absolue pour les organismes qui cherchent à améliorer l'efficacité et l'efficience des services publics (Chen *et al.*, 2006). Une récente recherche sur les opérations électroniques menée par l'Organisation des Nations unies (ONU) en 2012 (ONU, 2012) a révélé que la quasi-totalité des 193 États membres se sont lancés dans la mise en œuvre d'une certaine forme d'opérations électroniques au sein du gouvernement. Le rapport indique également une grande variance dans la mise en œuvre entre les différents États membres, basée sur des différences dans la gestion, la culture, l'infrastructure et les facteurs d'agence humaine. Chaque pays offre un environnement unique pour la mise en œuvre des opérations électroniques dans les projets gouvernementaux. Il semble que chaque environnement ait des motivations différentes aux premiers stades de la mise en œuvre, ce qui peut induire des événements uniques qui modifient l'orientation des stratégies d'e-opérations dans les gouvernements. L'étude d'initiatives spécifiques d'e-opérations gouvernementales peut donc offrir une compréhension plus approfondie du phénomène et créer un paradigme d'apprentissage pour le domaine de recherche sur les e-opérations gouvernementales (Jaeger, 2003).

Loin des autorités publiques centrales, les entreprises régionales (également appelées rurales) n'ont pas un accès direct et physique à tous les services offerts par les agences gouvernementales ou publiques. Très souvent, ces services sont essentiels pour les entreprises, principalement les petites et moyennes entreprises (PME) de ces régions, afin de réaliser leurs opérations commerciales. Ils comprennent les services offerts par plusieurs types d'agences/autorités gouvernementales, depuis les bureaux des impôts, les autorités législatives et les autorités locales, jusqu'aux chambres de commerce (Huang, 2009 ; Salkute et Kohle, 2011). Les technologies de l'information et de la communication (TIC) visent à résoudre ces problèmes, d'abord en fournissant les moyens aux autorités publiques de déployer et d'offrir des services d'opérations électroniques (e-opérations), et ensuite en facilitant l'accès des PME rurales à ces services à distance. D'autre part, il arrive souvent que les professionnels et les citoyens ne soient pas au courant des services publics disponibles par voie électronique, ou ne sachent pas comment les utiliser efficacement pour en tirer des avantages dans leurs activités quotidiennes.

Une stratégie d'opérations en ligne est un élément fondamental de la modernisation du secteur public, qui passe par l'identification et le développement de la structure organisationnelle, des modes d'interaction avec les citoyens et les entreprises, et par la réduction des coûts et des niveaux des processus organisationnels. Elle fournit une grande variété d'informations aux citoyens et aux entreprises par le biais d'Internet. Cependant, le rôle des e-opérations dans le gouvernement n'est pas seulement de fournir des informations et des services aux citoyens, qui pourraient être fournis par des entreprises commerciales. Les opérations en ligne peuvent développer les connexions stratégiques entre les organisations du secteur public et leurs départements, et établir une communication entre les niveaux de gouvernement (par exemple, central, départemental et local). Cette connexion et cette communication améliorent la coopération entre eux en facilitant la fourniture et la mise en œuvre des stratégies, des transactions et des politiques gouvernementales, ainsi qu'une meilleure utilisation et un meilleur fonctionnement des processus, des informations et des ressources gouvernementales (Cabinet Office, 2000 ; Heeks, 2001). Les gouvernements peuvent également transférer des fonds par voie électronique à d'autres organismes gouvernementaux ou fournir des informations aux employés publics par le biais d'un intranet ou d'Internet. Cabinet

Office (2000) et Tyndale (2002) sont tous deux d'accord pour dire que les opérations électroniques dans le secteur public ont amélioré la communication entre les différentes parties du gouvernement, de sorte que les gens n'ont pas besoin de demander à plusieurs reprises les mêmes informations à différents prestataires de services.

1.1.2 Performance organisationnelle

La performance organisationnelle comprend la production ou les résultats réels d'une organisation, mesurés par rapport à ses buts et objectifs prévus. Le tableau de bord équilibré se concentre sur quatre perspectives. Ces perspectives sont les suivantes :

finances, clients, processus d'affaires internes et apprentissage et croissance. (Kaplan et Norton, 1996). La performance organisationnelle est le concept qui consiste à mesurer le résultat d'un processus ou d'une procédure particulière, puis à modifier le processus ou la procédure pour augmenter le résultat, l'efficacité ou l'efficience du processus ou de la procédure. Le concept de performance organisationnelle peut s'appliquer soit à la performance individuelle, comme celle d'un athlète, soit à la performance organisationnelle, comme celle d'une équipe de course, d'une entreprise commerciale ou même d'une ferme ou d'un élevage. Dans l'amélioration de la performance, la performance organisationnelle est le concept de changement organisationnel dans lequel les gestionnaires et l'organe directeur d'une organisation mettent en place et gèrent un programme qui mesure le niveau actuel de performance de l'organisation et génère ensuite des idées pour modifier le comportement organisationnel et l'infrastructure qui sont mis en place pour obtenir un rendement plus élevé.

Les principaux objectifs de la performance organisationnelle sont d'accroître l'efficacité et l'efficience de l'organisation afin d'améliorer la capacité de l'organisation à fournir des biens et/ou des services. Un autre domaine de la performance organisationnelle qui vise parfois l'amélioration continue est l'efficacité organisationnelle, qui implique le processus d'établissement de buts et d'objectifs organisationnels dans un cycle continu. La performance organisationnelle au niveau opérationnel ou de l'employé individuel implique généralement des processus tels que le contrôle statistique de la qualité. Au niveau organisationnel, la performance implique généralement des formes de mesure plus douces, telles que les études de satisfaction de la clientèle, qui sont utilisées pour obtenir des informations qualitatives sur la performance du point de vue des clients (Robert, 2001).

1.1.3 E-opérations et performance

De nombreuses recherches ont révélé le lien positif entre l'innovation et la performance des services gouvernementaux. L'innovation peut renforcer les avantages concurrentiels du gouvernement pour bien servir les gens et atteindre le plus grand nombre (Harvey, 2000 ; McAfee, 2002). Comme l'adoption de la technologie dans le processus de service logistique peut également être considérée comme une innovation technologique pour le ministère, on s'attend à ce qu'il y ait une relation positive entre l'adoption de la technologie et la performance de la chaîne d'approvisionnement pour les fournisseurs de services. En outre, sur la base de la vision basée sur les ressources. Une entreprise doit développer une stratégie viable pour produire une performance supérieure (Grant, 1991). Murphy et Poist (2000) ont affirmé que les capacités des services logistiques, y compris l'efficacité de l'entreposage, du transport et du paiement des factures de fret, sont les moteurs d'une performance supérieure de la chaîne d'approvisionnement. La technologie peut aider à l'identification au niveau de l'article, ce qui est utile pour identifier facilement et efficacement chaque article dans l'ensemble de la chaîne d'approvisionnement (Davis et Luehlfing, 2004).

Il est utile de faire progresser la capacité de réponse rapide. Comme les capacités de service telles que la réactivité et la flexibilité peuvent améliorer la performance, les entreprises ayant de meilleures capacités de service peuvent atteindre une meilleure performance de service (Lai, 2004 ; Zhao et al., 2001). Par conséquent, on peut s'attendre à ce que la technologie améliore la performance de la chaîne d'approvisionnement pour l'industrie de la logistique. La pleine utilisation des opérations électroniques apportera de nombreux avantages à la philosophie de gestion de nombreux gouvernements et permettra de combler le fossé d'interaction entre les citoyens ordinaires et le gouvernement. Cela signifie que les citoyens peuvent participer en collaboration à la prise de décision et à l'élaboration des politiques. En effet, les gouvernements sont considérés comme des établissements bureaucratiques complexes et gigantesques, avec un ensemble de silos d'information qui érigent des barrières à l'accès à l'information et rendent la prestation de services lourde et frustrante (Coleman, 2006). L'e-opérationnalité dans l'administration peut également permettre aux gouvernements et aux citoyens de réaliser d'énormes économies, d'accroître la transparence et de réduire les activités de corruption dans la prestation des services publics. Des études antérieures ont classé la prestation de services publics en trois groupes : publication, interaction et transaction (Kumar et al. 2007).

En proposant des critères d'adoption pour les opérations électroniques dans le gouvernement, Warkentin et al. (2002) ont proposé un modèle conceptuel dans lequel la confiance des citoyens est le catalyseur sous-jacent de l'adoption des opérations électroniques dans le gouvernement. Gilbert et Balestrini (2004) ont proposé et testé un modèle qui combine des approches basées sur l'attitude et sur la qualité du service. L'étude de Warkentin et al. (2002) propose le risque perçu, le contrôle comportemental perçu, l'utilité et la facilité d'utilisation perçue. Elle définit le risque perçu comme la peur de perdre des informations personnelles et la peur d'être surveillé sur Internet. Il ressort du modèle conceptuel proposé que si un individu avait le contrôle de la manière dont ses informations personnelles vont être utilisées, et le contrôle de la manière et du moment où les informations peuvent être acquises, l'adoption des opérations électroniques dans le gouvernement pourrait être possible. Dans ce modèle, il y avait également la distance de pouvoir, qui est la distance entre les castes supérieures et inférieures de la société, et qui indique que les citoyens des pays où la distance de pouvoir est élevée sont plus susceptibles d'adopter des opérations électroniques dans le gouvernement que ceux des pays où la distance de pouvoir est faible. L'autre modèle de Gilbert et Balestrini (2004) réunit les approches basées sur l'attitude et sur la qualité de service. Le modèle décrit la volonté d'utiliser les opérations électroniques dans les services publics en intégrant les avantages relatifs perçus (confidentialité, facilité d'utilisation, sécurité, fiabilité, attrait visuel et plaisir) et perçus.

1.1.4 Agences gouvernementales au Kenya

Une société appartenant à l'État, une entreprise d'État ou une entreprise publique est une entité juridique créée par un gouvernement pour entreprendre des activités commerciales au nom du gouvernement propriétaire et est généralement considérée comme un élément ou une partie de l'État. Il n'existe pas de définition standard mais les caractéristiques déterminantes sont qu'elles ont une forme juridique distincte et qu'elles sont établies pour opérer dans des affaires commerciales ou des objectifs de politique publique. Elles peuvent également être entièrement ou partiellement détenues par le gouvernement.

Au Kenya, les sociétés d'État relèvent de divers ministères de tutelle et ont été créées par des lois du Parlement et en vertu des dispositions de la loi sur les sociétés d'État (cap 446), lois du Kenya. Les entreprises sont classées par catégories sur une base fonctionnelle, principalement les entreprises financières, commerciales/manufacturières, réglementaires, les universités publiques, la formation et la recherche, les autorités de développement régional, l'éducation et la formation tertiaires et les entreprises de services. Certaines des sociétés d'État sont semi-autonomes dans la mesure où elles disposent de leur propre budget et génèrent leurs propres revenus. Elles ne dépendent donc pas de l'État pour leur financement, mais elles opèrent dans le cadre des directives et du mandat du gouvernement.

1.2 Problème de recherche

Les opérations électroniques dans l'administration offrent de nombreuses possibilités d'améliorer la qualité du service aux citoyens. Les citoyens devraient pouvoir obtenir un service ou une information en quelques minutes ou quelques heures, alors que la norme actuelle est de plusieurs jours ou semaines. Les citoyens, les entreprises et les administrations locales et d'État devraient pouvoir trouver les rapports nécessaires sans avoir à recourir aux services d'experts (Heeks, 2003). Les employés du gouvernement devraient être en mesure de faire leur travail aussi facilement, efficacement et effectivement que leurs homologues du monde commercial (simplification de la prestation de services aux citoyens, 2002).

Bien que de nombreux gouvernements des pays en développement soient enthousiastes à l'égard des opérations électroniques dans l'administration et offrent un certain niveau de services en ligne, pourquoi la mise en œuvre des opérations électroniques dans les services publics reste-t-elle difficile ? La raison en est simple : l'e-opérationnalité dans l'administration n'est pas facile. L'e-opérationnalité dans l'administration consiste à utiliser des technologies informatiques et à les combiner avec des processus administratifs humains pour créer de nouvelles façons de servir les citoyens.

Les organisations doivent adapter les TIC aux processus d'entreprise. De même, les processus opérationnels doivent s'adapter aux TIC. Les TIC offrent de nouvelles fonctions permettant de faire des choses qui n'étaient pas possibles auparavant. Il n'est pas seulement difficile pour les organisations de comprendre les systèmes informatiques, il est également difficile de comprendre les processus commerciaux, législatifs et politiques qui composent les opérations quotidiennes de tous les types d'institutions gouvernementales. Nombre de ces processus impliquent de nombreuses étapes et procédures qui ont évolué de manière idiosyncratique pour se conformer à la législation, aux mandats et aux normes fondés sur la structure bureaucratique formelle et les pratiques informelles des employés de chaque ministère.

Les gouvernements doivent comprendre le contexte local et les pratiques locales dans lesquels les TIC seront utilisées pour fournir des opérations électroniques dans les services gouvernementaux (Robey et al. 2007). En général, les pays en développement adoptent souvent des TIC et des logiciels conçus dans le monde développé et qui leur sont présentés par le biais de programmes de transfert de technologie. Un cas largement infructueux est un cas où certains objectifs ont été atteints mais où la plupart des groupes de parties prenantes n'ont pas atteint leurs principaux objectifs et/ou ont connu des résultats indésirables importants. Cependant, alors que les opérations électroniques au sein du gouvernement continuent d'être présentées comme une initiative essentielle à la transformation du gouvernement, les interprétations multiples et le flou général de la gouvernance électronique en tant que concept ont été notés, en partie en raison du manque de reconnaissance approfondie de ses environnements politiques et institutionnels complexes (Yildiz, 2007).

De nombreux chercheurs se sont donné pour objectif de comprendre les initiatives qui encouragent l'adoption des e-opérations dans les services gouvernementaux dans différents environnements. Ces études ont montré qu'en dépit des caractéristiques différentes des environnements, il existe des initiatives générales qui encouragent l'adoption de l'e-opérationnalité dans les services publics par les citoyens ordinaires. Les opérations électroniques devraient également être utilisées pour améliorer la façon dont les fonctionnaires utilisent les ressources publiques pour soutenir la société (Kerby, 2005). Le véritable potentiel du gouvernement électronique en ce qui concerne une participation plus directe des citoyens à la gouvernance et à la prise de décision publique n'est pas encore complètement compris à mon avis. Ainsi, la détermination de mesures significatives de la réussite ou de l'échec des opérations électroniques du gouvernement en ce qui concerne l'engagement des citoyens doit faire l'objet d'une réflexion plus approfondie (Gabardi, 2001).

Localement, Kamuren (2006) a fait une recherche sur la stratégie de licence et l'avantage concurrentiel dans l'industrie du suivi des véhicules ; un cas de Car Track (K) LTD. Ndungu, (2006) a effectué une recherche sur le maintien d'un avantage concurrentiel chez British Airways World Cargo - Kenya. Kung'u (2007) a effectué une recherche sur les défis de la mise en œuvre de la stratégie dans les églises principales du Kenya, tandis que Mecha (2007) a réalisé une étude sur le choix de la stratégie de la Kenya Pipeline Company en utilisant la matrice des grandes stratégies d'Ansoff. Cependant, aucune de ces études locales et internationales n'a centré ses recherches sur la relation entre les opérations électroniques et la performance organisationnelle des agences gouvernementales ?

1.3 Objectif de la recherche
L'objectif général de cette étude était d'établir la relation entre les e-opérations et la performance organisationnelle parmi les agences gouvernementales.
Les objectifs spécifiques de l'étude sont les suivants ;
i.   Évaluer l'étendue de l'adoption de l'e-opération dans les agences gouvernementales au Kenya ?
ii.   Déterminer la relation entre les e-opérations et la performance organisationnelle dans les agences gouvernementales au Kenya.

1.4 Valeur de l'étude
L'étude ajoutera de la valeur et des connaissances sur la façon de mettre en œuvre des opérations électroniques directes pour les utilisateurs finaux ainsi que pour les agences gouvernementales au Kenya. Deuxièmement, l'étude ajoutera également de la théorie sur la façon de mieux améliorer la prestation de services par le biais des opérations en ligne, conformément aux attentes du public. En outre, la recherche permettra d'approfondir la compréhension du domaine de la fourniture de services avec de meilleurs sites Web d'interaction.

L'étude a été utile aux conseils d'administration des agences gouvernementales au Kenya en fournissant des lignes directrices sur les aspects essentiels des opérations électroniques dans les ministères. Les conseils d'administration agissent au nom des parties prenantes et s'efforcent toujours de rendre compte de manière exhaustive, précise et en temps voulu. Cette étude les aidera dans une certaine mesure à jouer leur rôle de surveillance.

Les résultats de l'étude devraient servir de point de départ à d'autres recherches sur le gouvernement électronique pour les universitaires et les chercheurs en général. Cette étude sera une révélation pour la recherche dans les gouvernements en développement. Les résultats de cette étude seraient également précieux pour les chercheurs et les universitaires, car ils constitueraient une base pour des recherches ultérieures. Les étudiants et les universitaires utiliseraient cette étude comme base de discussion sur l'effet des opérations électroniques dans les opérations gouvernementales sur l'efficacité organisationnelle et l'efficience des processus.

CHAPTER 2:   : REVUE DE LA LITTÉRATURE

2.1 Introduction
Ce chapitre présente la revue de la littérature. Cette section réfléchit sur l'e-opération dans le gouvernement, l'examen théorique, le transfert de technologie comme une perspective fondamentale de la conceptualisation de l'e-opération dans le gouvernement. La conceptualisation des technologies de l'information (TI) et les impacts attendus sont également présentés ainsi que les composantes des opérations électroniques au sein du gouvernement.

2.2 Examen théorique
Étant donné que les opérations électroniques dans les services publics sont principalement fournies à l'aide des TIC, il est impératif de comprendre l'adoption des technologies de l'information (TI). Cette compréhension peut ensuite être étendue pour nous aider à comprendre l'adoption des opérations en ligne dans les systèmes gouvernementaux. En 1989, en se basant sur la théorie de l'action raisonnée (TRA) (Napoli, 2000 ; Castells, 1996, 2001), Davis a développé le modèle d'acceptation de la technologie (TAM) dans le but d'expliquer comment les utilisateurs en viennent à accepter et à utiliser la technologie (Curtin et al., 2003). L'UTAUT aide les gestionnaires à évaluer la probabilité de succès des nouvelles technologies et à comprendre les facteurs d'acceptation de la technologie. La théorie de la diffusion des innovations (DOI) d'Everett Rogers dans le cadre de l'approche de la diffusion vise à analyser les caractéristiques des adoptants de la technologie (Napoli, 2000).

2.2.1 Théorie du modèle d'acceptation de la technologie
Le modèle d'acceptation de la technologie (TAM) est une extension influente de la théorie de l'action raisonnée (TRA) d'Ajzen et Fishbein (1980). Il a été introduit et développé par Fred Davis en 1986. Le TAM est un modèle dérivé d'une théorie qui aborde la question de savoir comment les utilisateurs en viennent à accepter et à utiliser une technologie spécifique. Le modèle suggère que lorsque l'on présente aux utilisateurs, par exemple, un nouveau logiciel, un certain nombre de variables influencent leurs décisions quant à la manière et au moment de l'utiliser. Il existe deux variables spécifiques, l'utilité perçue et L'utilité perçue dans le modèle TAM se référait à l'origine à la productivité, la performance et l'efficacité liées au travail (Davis, 1989). Il s'agit d'une croyance importante identifiée comme fournissant un aperçu diagnostique de la façon dont les attitudes des utilisateurs envers l'utilisation (et l'intention d'utiliser) sont influencées ; l'utilité perçue a un effet direct sur les intentions d'utilisation au-delà de son influence via l'attitude (Davis, 1989 ; Taylor & Todd, 1995). Intégrant des concepts utilisés dans la théorie de l'espérance, Triandis (1980) a proposé qu'un facteur important influençant le comportement soit les conséquences attendues

du comportement.

L'utilité perçue s'est avérée être une construction importante dans la littérature sur l'adoption des opérations électroniques dans les administrations publiques (par exemple, Carter et Belanger, 2004, 2005). Les recherches antérieures étaient contradictoires quant à savoir si l'utilité perçue était le déterminant le plus fort. Fu, Farn et Chao (2006) et Norazah, Ramayah et Norbayah (2008) ont constaté que l'intention comportementale était largement déterminée par l'utilité perçue. La facilité d'utilisation perçue s'est avérée être une construction importante dans la littérature sur l'adoption des opérations électroniques dans les administrations publiques (par exemple, Carter et Belanger, 2004, 2005). Wang (2002) a découvert que la facilité d'utilisation perçue était un prédicteur plus fort de l'intention des gens de faire du dépôt électronique que l'utilité perçue. La facilité d'utilisation perçue a influencé positivement l'intention comportementale d'utiliser un système (Fagan, Wooldridge, & Neill, 2008 ; Hsu, Wang, & Chiu, 2009 ; Ramayah, Chin, Norazah, & Amlu 2005).

2.2.2 Théorie de la diffusion de l'innovation

La recherche sur la diffusion de l'innovation a été largement appliquée dans des disciplines telles que l'éducation, la sociologie, la communication, l'agriculture, le marketing et les technologies de l'information, etc. (Rogers, 1995 ; Karahanna, et al., 1999 ; Agarwal, Sambamurthy, & Stair, 2000). Une innovation est "une idée, une pratique ou un objet qui est perçu comme nouveau par un individu ou une autre unité d'adoption" (Rogers, 1995, p. 11). La diffusion, quant à elle, est "le processus par lequel une innovation est communiquée par certains canaux au fil du temps parmi les membres d'un système social" (Rogers, 1995, p. 5). Par conséquent, la théorie de l'IDT soutient que "les utilisateurs potentiels décident d'adopter ou de rejeter une innovation en fonction des croyances qu'ils se forgent à son sujet" (Agarwal, 2000, p. 90). La théorie IDT comprend cinq caractéristiques importantes de l'innovation : l'avantage relatif, la compatibilité, la complexité, la possibilité d'essai et d'observation. L'avantage relatif est défini comme la mesure dans laquelle une innovation est considérée comme meilleure que l'idée qu'elle remplace. Ce concept s'avère être l'un des meilleurs prédicteurs de l'adoption d'une innovation. La compatibilité désigne la mesure dans laquelle l'innovation est considérée comme compatible avec les valeurs existantes, les expériences antérieures et les besoins des utilisateurs finaux potentiels. La complexité est le niveau de difficulté perçu par les utilisateurs finaux pour comprendre les innovations et leur facilité d'utilisation. La possibilité d'essai désigne la mesure dans laquelle les innovations peuvent être testées sur une base limitée. L'observabilité est la mesure dans laquelle les résultats des innovations peuvent être visibles par d'autres personnes. Ces caractéristiques sont utilisées pour expliquer l'adoption des innovations par les utilisateurs finaux et le processus de prise de décision.

Théoriquement, la diffusion de la perspective n'a pas de relation explicite avec le TAM, mais les deux partagent certains construits clés. Il a été constaté que le concept d'avantage relatif dans l'IDT est similaire à la notion de PU dans le TAM, et que le concept de complexité dans l'IDT capture le PEU dans le modèle d'acceptation de la technologie, bien que le signe soit opposé (Moore & Benbasat, 1991). En outre, en ce qui concerne le concept de complexité, TAM et IDT proposent que la formation de l'intention des utilisateurs soit partiellement déterminée par la difficulté de comprendre ou d'utiliser l'innovation (Davis, et al., 1989 ; Rogers, 1995). En d'autres termes, moins une chose est complexe à utiliser, plus un individu est susceptible de l'accepter. La compatibilité est associée à l'adéquation d'une technologie avec les expériences antérieures, tandis que la capacité d'essayer et d'observer est associée à la disponibilité d'opportunités d'expériences pertinentes. Ces concepts sont liés à l'expérience technologique antérieure ou aux possibilités d'expérimenter la technologie envisagée. La compatibilité et la capacité d'essayer et d'observer peuvent être traitées comme des variables externes qui affectent directement les concepts du modèle d'acceptation de la technologie. Après l'adoption initiale, les effets de ces trois construits pourraient être diminués par une expérience continue et réduits au fil du temps (Karahanna et al., 1999).

Jusqu'à présent, de nombreuses études ont intégré avec succès la TDI dans la TAM pour étudier le comportement d'acceptation de la technologie par les utilisateurs (Hardgrave, Davis, & Riemenschneider, 2003 ; Wu & Wang, 2005 ; Chang & Tung, 2008). Peu d'entre eux ont tenté d'examiner toutes les caractéristiques de l'IDT avec l'intégration du TAM. Dans cette recherche, nous améliorons la TAM en combinant les caractéristiques de l'IDT, en ajoutant la compatibilité, la complexité, l'avantage relatif et la capacité d'essayer et d'observer en tant que construits de recherche supplémentaires pour augmenter la crédibilité et l'efficacité de l'étude.

2.2.3 Théorie du système socio-technique des technologies de l'information

La théorie du comportement planifié (TPB) propose que l'intention d'une personne d'adopter un comportement soit le déterminant central de ce comportement car elle reflète le niveau de motivation qu'une personne est prête à exercer pour adopter ce comportement Titah et Barki, (2006). Le TPB a été largement utilisé par les chercheurs pour comprendre une variété de comportements liés à la santé dans divers groupes de population. Eccles et ses collègues (Ahmed, (1998) suggèrent qu'il existe un lien prévisible entre l'intention des professionnels de la santé d'adopter un comportement et leur comportement ultérieur.

L'un des principes fondamentaux de la théorie des systèmes socio-techniques est qu'une technologie en soi (sous la forme de sa capacité technique) a peu de sens aux fins de l'analyse organisationnelle, n'étant vraiment compréhensible qu'en fonction du contexte dans lequel elle est intégrée et, par extension, des objectifs ou transformations organisationnels qu'elle sert ou permet (Simenda, K. (2009). Au-delà de la préoccupation d'un utilisateur et d'une interface, la théorie des systèmes socio-techniques soutient qu'un réseau de relations sociales entoure toutes les pratiques de travail (coopération entre les travailleurs au cours d'une tâche, relations de supervision et interaction sociale générale). L'emploi rémunérateur de toute technologie dépend de la capacité et de la volonté des utilisateurs de l'employer pour des tâches utiles (celles jugées centrales pour les objectifs de l'organisation). Par conséquent, une technologie ne peut être analysée ou comprise indépendamment de l'organisation orientée vers les objectifs qu'elle est censée soutenir. Afin d'optimiser conjointement les attributs sociaux et techniques de toute organisation, il faut tenir compte, au niveau de l'ingénierie, de la dynamique sociale de toute organisation ou sous-unité de celle-ci (Simenda, 2009).

La théorie des systèmes socio-techniques a donné naissance à un cadre de conception technologique qui met l'accent sur la satisfaction globale du travail (plutôt que sur la seule exécution des tâches) et sur la participation des utilisateurs tout au long du processus de développement. Ainsi, les théoriciens socio-techniques recommandent l'analyse de toutes les parties prenantes, et pas seulement des utilisateurs directs d'une innovation, la formation de groupes de planification pour superviser la conception, la réalisation d'exercices de prototypage et l'analyse de l'impact probable de la technologie sur l'organisation (Swanson, 1994). L'intention d'un tel processus de conception était d'éviter les effets secondaires désagréables dans les pratiques de travail et d'assurer autant une solution sociale qu'une solution technique aux besoins informatiques d'une organisation.

2.3 Déterminants de la performance opérationnelle

L'émergence de l'économie numérique et de la technologie Internet a transformé de nombreux aspects de la gestion des opérations et du marketing. Les opérations électroniques offrent un large éventail de possibilités pour améliorer les performances des entreprises. Le choix d'une application de commerce électronique particulière est une décision stratégique qui doit être prise dans le contexte de la stratégie concurrentielle de l'entreprise. L'approche stratégique des décisions en matière de commerce électronique est devenue de plus en plus importante en raison de l'explosion des modèles d'adoption rendant les aspects concurrentiels cruciaux (Swanson, et Crowston

K,. (2004). L'e-opération est l'une des formes les plus populaires de la technologie électronique appliquée aux entreprises et son impact sur la stratégie concurrentielle et sa formulation est considéré comme fondamental (Lanckriet et Heene, 1999). L'adaptation aux changements technologiques est un facteur clé de l'avantage concurrentiel (Porter, 1980 ; Miles et Snow, 1978).

2.3.1 Qualité du service

Les auteurs ard (199Bouch3) suggèrent que la qualité de service est un aspect clé qui différencie les offres de service et aide à construire un avantage concurrentiel, mais Pinho *et al.* (2008) font remarquer que la prestation de services publics par l'utilisation des TIC n'en est qu'à ses débuts et qu'un grand nombre de citoyens n'ont eu qu'une expérience/interaction modeste ou nulle avec ces technologies. Selon Zeithaml *et al.* (2000), la qualité des services en ligne est la mesure dans laquelle un site Web facilite la fourniture efficace et effective de produits et de services. Rowley (2010) a accrédité le travail de Zeithaml *et al.* (2010) et affirme qu'il a été utile pour développer des échelles et des ensembles de dimensions de qualité de service. L'étude d'Akesson et Edvardsson (2010) révèle cinq dimensions de changement dans la conception des services en raison de l'introduction des opérations électroniques dans le gouvernement (rencontre des services et processus de service ; clients en tant que co-créateurs et producteurs uniques de services ; efficacité ; complexité accrue ; et intégration). L'étude examine l'importance de ces résultats à l'aide d'exemples particuliers tirés des transcriptions des entretiens. Dans son travail, Jones *et al.* (2009) mentionne que les opérations en ligne dans les administrations publiques au cours des prochaines années transformeront à la fois la manière dont les services publics sont fournis et la relation fondamentale entre les gouvernements, la communauté et les citoyens.

Le succès d'une entreprise peut simplement être la mesure dans laquelle votre organisation peut produire un produit ou un service de meilleure qualité que ce que vos concurrents sont capables de faire à un prix compétitif. Lorsque la qualité est la clé du succès d'une entreprise, les systèmes de gestion de la qualité permettent aux organisations de suivre et de respecter les niveaux de qualité actuels, de répondre aux exigences de qualité du consommateur, de retenir les employés grâce à des programmes de rémunération compétitifs et de rester à la pointe de la technologie. Un système de gestion de la qualité est une technique de gestion utilisée pour communiquer aux employés ce qui est nécessaire pour produire la qualité souhaitée des produits et des services et pour influencer les actions des employés afin qu'ils accomplissent les tâches conformément aux spécifications de qualité. Cependant, malgré le lien/la relation existant entre la gouvernance électronique et la qualité des services, (Meuter *et al.* 52) appelle à davantage de recherches et Parasuraman et Grewal

(2008) ont souligné l'importance d'une enquête plus approfondie sur l'impact de la technologie sur la chaîne qualité-valeur-loyauté des services. Santos fait remarquer que la qualité du service est l'un des principaux facteurs qui déterminent le succès ou l'échec du commerce électronique et Buckley (2004) ajoute que la recherche est à la traîne parce que les praticiens se sont principalement concentrés sur les questions de convivialité et de mesure de l'utilisation, sans trop tenir compte des résultats. Au cours des dernières années, divers chercheurs ont beaucoup débattu de l'efficacité des services électroniques dans le contexte du secteur public. Selon Chan et Al-Hawamdeh (2003) et Shackleton *et al.* (2005), de nombreuses agences gouvernementales du secteur public ont compris l'impératif d'utiliser Internet pour fournir des services aux citoyens. Dabholkar et Bagozzi affirment que la technologie a eu récemment une influence remarquable sur la croissance des options de prestation de services.

2.3.2 Systèmes d'information

Un certain nombre de chercheurs en systèmes d'information (SI) (Alter, 2003 ; Benbasat & Zmud, 2003 ; Guthrie, 2003 ; Holand, 2003 ; Whinston & Geng, 2004 ; Wu, 2003 ; Faraj, Kwon & Watts, 2004, Sein & Harindranath, 2004 ; Myers, 2003) ont attiré l'attention sur le concept d'artefact de technologie de l'information (TI). Le débat suscité par l'article de Benbasat & Zmud (2003), dans lequel ils ont souligné de manière polémique que le cœur de la SI en tant que discipline devrait être l'artefact informatique, mérite d'être souligné. Bien que leur affirmation ait soulevé un débat animé sur le noyau de la SI en tant que discipline, sa pertinence pour cet article est leur conceptualisation de l'artefact informatique. Ils conceptualisent l'artefact informatique comme étant : "L'application de la TI pour permettre ou soutenir une ou plusieurs tâches intégrées dans une ou plusieurs structures qui sont elles-mêmes intégrées dans un ou plusieurs contextes. Ici, la conception matérielle/logicielle de l'artefact informatique encapsule les structures, les routines, les normes et les valeurs implicites dans les riches contextes dans lesquels l'artefact est intégré " (Benbasat et Zmud, 2003, p. 186). En alignant ce concept d'artefact informatique sur le domaine des opérations électroniques, le réseau nomologique adopté par Benbasat et Zmud (2003) a aidé à fonder cette étude.

Le Kenya, comme beaucoup d'autres pays en voie de développement, a rejoint la course à l'adoption de l'e-opération dans le gouvernement, mais dépend largement des conceptions des technologies de l'information des nations industrialisées (Kirlidog, 1996). Le fait de dépendre de technologies conçues et produites dans des pays développés est censé entraîner un biais culturel en faveur des systèmes sociaux et culturels de ces pays, ce qui peut créer des obstacles à l'obtention de certains impacts envisagés dans la pratique (Hill et al, 1998). Orlikowski et Iacono (2001), tout en soulignant la nécessité de la centralité de l'artefact de la TI dans la SI, ont souligné que les universitaires dans le domaine n'ont pas approfondi l'artefact de la TI comme sujet central.

Patterson et al. (2003) ont également montré que les facteurs critiques de succès suivants influençaient positivement l'adoption des TIC dans la GCA : la taille de l'organisation, la structure organisationnelle décentralisée, le climat transactionnel et la pression exercée par les membres de la chaîne d'approvisionnement, et l'incertitude environnementale. Kwon & Zmud (1987) ont également suggéré que ces facteurs peuvent être importants à des degrés différents selon le contexte ou la technologie. Le département des services de soutien intègre et coordonne les activités de tous les maillons de la chaîne de prestation de services afin de soutenir les agences gouvernementales dans le cadre du mandat du Kenya. La mission du département est d'employer les meilleures pratiques commerciales en fournissant des services de soutien juridique, de planification et opérationnel axés sur le client, rentables, proactifs et opportuns, pour une administration fiscale améliorée et efficace, et sa vision est d'être le principal fournisseur de services de soutien respecté pour son professionnalisme, son pragmatisme et sa capacité d'adaptation.

Orlikowski et Iacono (2001) définissent l'artefact informatique comme un ensemble de propriétés matérielles et culturelles qui sont emballées dans une forme socialement reconnaissable, qui peut être sous forme de matériel ou de logiciel. Tout en rappelant aux chercheurs la nécessité de se recentrer sur ce domaine sous théorisé, Orlikowski & Iacono (2001) ainsi que Sein et al (2004) soulignent clairement que tout artefact informatique est contextuel, ce qui suggère que cette " forme " informatique socialement et humainement reconnaissable diffère, non seulement dans son essence mais aussi dans ses effets.

2.3.3 E-Reporting

Traditionnellement, la collecte du CES, des données MWR et des autres dossiers d'emploi se fait par courrier. Le Centre EDI, cependant, peut faciliter la collecte de ces données en offrant une déclaration électronique centralisée des données. Cela réduit la charge de travail des employeurs puisqu'ils peuvent générer des fichiers électroniques directement à partir de leur système de paie, éliminant ainsi le besoin de transcription manuelle, et peuvent envoyer des fichiers couvrant tous leurs sites à un seul endroit.

Les e-opérations dans le gouvernement sont l'utilisation des technologies de l'information pour soutenir les opérations gouvernementales, engager les citoyens et fournir des services gouvernementaux. Selon Sharon (2002), les opérations électroniques dans l'administration intègrent quatre éléments clés, qui reflètent les fonctions de l'administration elle-même et qui, une fois combinés, créent un processus unifié : les services électroniques, le commerce électronique et la gestion électronique.

Selon Boyer et al, (2002) les services électroniques sont définis comme une rencontre de services, de l'atterrissage initial sur la page d'accueil jusqu'à ce que le service demandé soit terminé ou que le produit final soit livré et puisse être utilisé. En bref, les services électroniques sont la diffusion électronique d'informations, de programmes et de services gouvernementaux, souvent (mais pas exclusivement) sur Internet, ainsi que la fourniture de services via Internet. Le terme "service" implique la satisfaction d'un besoin public et/ou le système ou l'opération par lesquels les gens reçoivent quelque chose dont ils ont besoin. Les services électroniques comprennent souvent le commerce électronique. Le commerce électronique est le deuxième élément du processus des opérations électroniques dans l'administration. Il est défini comme l'échange électronique d'argent contre des biens et des services. Par exemple, les citoyens paient leurs impôts et leurs factures de services publics, renouvellent l'immatriculation de leur véhicule et paient pour des programmes de loisirs, tandis que le gouvernement achète des fournitures et vend aux enchères des équipements excédentaires en ligne.

Gabardi (2001) affirme que la démocratie électronique peut être quelque chose d'aussi simple que l'accès électronique des citoyens aux informations gouvernementales. La démocratie électronique peut également être plus complexe et impliquer davantage d'interactions entre les citoyens et le gouvernement, y compris le vote électronique. L'e-démocratie est donc définie comme l'utilisation des communications électroniques pour accroître la participation des citoyens au processus de décision publique. Elle est également utilisée pour améliorer les processus démocratiques au sein d'une république démocratique ou d'une démocratie représentative. Un exemple de ce processus est l'inscription électronique des électeurs. Les quatre modèles de démocratie électronique proposés par Kakabadse (2003) sont les suivants : le modèle bureaucratique électronique, dans lequel le gouvernement fournit des informations publiées et téléchargeables ainsi que la capacité d'effectuer des transactions par voie électronique afin d'améliorer les fonctions gouvernementales et de réduire les coûts ; le modèle de gestion de l'information, qui consiste en de meilleurs niveaux d'interactivité entre les citoyens et les gouvernements, notamment en termes d'accès aux informations gouvernementales et de contact avec les fonctionnaires ; le modèle populiste : les citoyens font connaître leurs préférences sur toute une série de questions par le biais de mécanismes tels que les réunions publiques ; le modèle de la société civile part du principe que les opérations électroniques au sein du gouvernement sont transformationnelles, que l'utilisation des TIC, en particulier d'Internet, transformera la culture politique, renforcera les liens entre les citoyens et favorisera un site robuste et autonome pour le débat public, ce qui renforcera la démocratie. Tous les éléments ci-dessus nécessitent un processus et une procédure électroniques bien articulés pour faciliter la communication avec les parties prenantes concernées.

2.3.4 Gestion

Dans les entreprises et les organisations, la gestion est la fonction qui coordonne les efforts des personnes pour atteindre des buts et des objectifs en utilisant les ressources disponibles de manière efficace et efficiente. La gestion comprend la planification, l'organisation, la dotation en personnel, la direction et le contrôle d'une organisation ou d'une initiative pour atteindre les objectifs fixés.

Une innovation peut désigner quelque chose de totalement nouveau dans la société ou une invention (Mclean, M. et Jelassi, T.2003) ou quelque chose dans un cadre particulier, mais pas une nouveauté *en soi* (Vidgen et McMaster, 1996). En outre, les origines conceptuelles des opérations électroniques dans le gouvernement se situent en dehors du continent africain, et plus précisément des nations occidentales et autres organisations donatrices (Mclean et Jelassi, 2003).

Lorsque les opérations électroniques dans le gouvernement sont exportées des nations occidentales vers les pays africains (Heeks, 2002), on s'attend à ce qu'elles atteignent certains objectifs qui, s'ils sont réalisés, auront certains impacts sur ces gouvernements. Le transfert de technologie est considéré comme un processus orienté vers un objectif, destiné à améliorer les capacités technologiques des organisations ou des pays bénéficiaires (Autio et Laamanen, 1995). Kumar et al (2007) affirment que les projets de transfert de technologie à grande échelle parrainés par l'État visent à développer les capacités technologiques indigènes et à atteindre des objectifs socio-économiques plus larges. Les opérations électroniques dans l'administration, conceptualisées à différents niveaux de l'administration, peuvent être considérées comme une initiative à grande échelle destinée à atteindre certains objectifs (impacts) envisagés dans différents documents politiques. La proposition selon laquelle les impacts des opérations électroniques dans l'administration influencent leur conceptualisation dans les pays en développement trouve sa justification dans la littérature sur le transfert de technologie.

L'emballage des opérations électroniques dans le gouvernement suppose certains impacts attendus avant qu'il ne soit négocié et transféré aux pays bénéficiaires. Ces impacts déterminent quels composants technologiques physiques et informationnels sont transférés (Kumar et al, 2007). L'adoption réussie de l'e-opérationnalité dans l'administration publique se traduit par la réalisation de certains objectifs de performance à court, moyen et long terme. Le fondement de l'affirmation est donc que les impacts attendus des opérations électroniques dans l'administration publique sont reconnus comme *une* priorité pour le transfert et l'assimilation de ses technologies dans les pays en développement. Le transfert des opérations électroniques dans l'administration, en tant que processus orienté vers un objectif, prévoit que les pays en développement peuvent obtenir une meilleure gouvernance et d'autres impacts socio-économiques grâce à son adoption. Le processus de transfert et l'exécution de la stratégie de l'organisation par le biais de plans, de processus et de procédures nécessitent une équipe compétente pour réaliser les buts et les objectifs de l'organisation de manière efficace et efficiente.

2.4 Examen empirique

Gilbert et Balestrini (2004) ont proposé et testé un modèle qui combine des approches basées sur l'attitude et sur la qualité du service. L'étude de Warkentin et al. (2002) propose le risque perçu, le contrôle comportemental perçu, l'utilité et la facilité d'utilisation perçue. Elle définit le risque perçu comme la peur de perdre des informations personnelles et la peur d'être surveillé sur Internet. Il ressort du modèle conceptuel proposé que si un individu avait le contrôle de la manière dont ses informations personnelles vont être utilisées, et le contrôle de la manière et du moment où les informations peuvent être acquises, l'adoption des opérations électroniques dans le gouvernement pourrait être possible. Dans ce modèle, il y avait également la distance de pouvoir, qui est la distance entre les castes supérieures et inférieures de la société, et qui indique que les citoyens des pays où la distance de pouvoir est élevée sont plus susceptibles d'adopter des opérations électroniques dans le gouvernement que ceux des pays où la distance de pouvoir est faible. L'autre modèle de Gilbert et Balestrini (2004) réunit les approches fondées sur l'attitude et sur la qualité du service. Le modèle décrit la volonté d'utiliser les opérations électroniques dans les services publics en intégrant les avantages relatifs perçus (confidentialité, facilité d'utilisation, sécurité, fiabilité, attrait visuel et plaisir) et perçus.

Des études antérieures ont mis l'accent sur la navigabilité et l'esthétique des sites Web (Coleman, 2006), la personnalisation et l'adaptation (Mclean et Jelassi, T.2003) et les programmes de fidélisation (Kumar et al., 2006) comme stratégies clés pour inciter les individus à visiter un site Web, qui, dans le contexte de cette discussion, sont les opérations en ligne des portails gouvernementaux. En proposant des critères d'adoption pour les opérations en ligne du gouvernement, Warkentin et al. (2002) ont proposé un modèle conceptuel où la confiance des citoyens est le catalyseur sous-jacent de l'adoption des opérations en ligne du gouvernement.

Ce modèle comporte trois aspects : premièrement, la théorie de la diffusion de l'innovation, qui vise à comprendre le processus par lequel des innovations telles qu'Internet sont diffusées dans la société ; deuxièmement, le modèle d'acceptation de la technologie (TAM), qui trouve ses racines dans la théorie des systèmes d'information et montre comment les utilisateurs acceptent et utilisent une nouvelle technologie, par exemple Internet ; et l'approche fondée sur la qualité du service (SQB), qui vise à comprendre les antécédents qui affectent le comportement des utilisateurs. Warkentin et al. (2002) ont décrit l'adoption comme l'intention des citoyens de s'engager dans des opérations électroniques au sein du gouvernement pour recevoir des informations et demander des services au gouvernement. Gilbert et Balestrini (2004) la mesurent comme la volonté d'utiliser les e-opérations dans les services gouvernementaux tandis que Carter et Belanger (2005) la mesurent comme l'intention d'utiliser les e-opérations dans les services gouvernementaux. Le modèle proposé dans cet article vise à faire une extension du modèle conceptuel proposé par Kumar et al. (2007). Dans cet article, le modèle était fondé sur la conviction que l'adoption des opérations en ligne dans les services publics est largement déterminée par la mesure dans laquelle le gouvernement peut offrir une expérience riche, attrayante et sans tracas, fiable et susceptible d'offrir des niveaux de satisfaction plus élevés. Le modèle de Kumar et al. (2007) mentionne que pour une adoption efficace des e-opérations dans le gouvernement, les différents attributs à satisfaire sont les suivants : Les caractéristiques de l'utilisateur (risque perçu, contrôle perçu), la conception du site Web (utilité perçue, facilité d'utilisation perçue (usabilité) ; la qualité du service ; et la satisfaction du client.

2.5 Résumé de l'analyse documentaire

L'utilisation des nouvelles innovations en matière de TIC offre aux gouvernements à tous les niveaux une grande opportunité d'améliorer la prestation de leurs services et d'interagir plus efficacement avec leurs citoyens. Les utilisateurs de ces services sont habitués à la réponse rapide du service fourni par le secteur privé dans la prestation de services électroniques, par exemple pour réduire les coûts, les délais et décongestionner le port.

Par conséquent, ils attendent le même niveau de réponse de la part de leur gouvernement, Hazlett et Hill, (2003). En conséquence, les citoyens et les entreprises exigent une prestation de services plus efficace et efficiente ainsi qu'une amélioration de la qualité des informations reçues, Ongora (2004). De nombreuses initiatives TIC lancées par les gouvernements échouent parce qu'elles sont mal gérées et parce que les agences agissent de manière trop autonome les unes par rapport aux autres pour développer une prestation de services électroniques viable McAfee, A. (2002), par exemple, les opérations des agences gouvernementales au Kenya dans le port peuvent être intégrées aux opérations de la KPA pour accélérer les opérations et augmenter l'efficacité et l'efficience de la prestation de services.

CHAPTER 3:   EE : MÉTHODOLOGIE DE RECHERCHE

3.1 Introduction
Ce chapitre couvre en détail la méthodologie de recherche qui a été utilisée dans l'étude. Celle-ci a été guidée par les objectifs de l'étude. La conception de la recherche a été discutée, notamment en ce qui concerne le choix de la conception. Il aborde également la population de l'étude, l'échantillon de l'étude, la collecte des données, la procédure d'analyse des données et la présentation des données. La description détaillée de la procédure de recherche était importante pour que si un autre chercheur la suit, il puisse parvenir sans difficulté à des conclusions similaires.

3.2 Conception de la recherche
L'étude a adopté un plan de recherche descriptif, ce qui a permis de faciliter la compréhension de la vision et des idées sur le problème. Elle visait à étudier quatre objectifs et à tester les hypothèses formulées à partir de l'examen de la littérature. Selon Creswell (2003), les plans de recherche descriptifs sont utilisés dans les études préliminaires et exploratoires, pour permettre aux chercheurs de recueillir des informations, de résumer, de présenter les données et de les interpréter dans un but de clarification.

3.3 Collecte des données
Cette recherche a utilisé à la fois des données primaires et des données secondaires. Les données secondaires ont été obtenues auprès des systèmes d'information des agences gouvernementales du Kenya. Les données primaires ont été recueillies par le biais de questionnaires semi-structurés. Le questionnaire était la méthode de collecte de données la plus appropriée pour cette étude, car il permet d'accéder à de grands ensembles de données et d'utiliser des techniques statistiques avancées (Saunders et al., 2009). Ces questionnaires ont été administrés par le chercheur aux cadres supérieurs ainsi qu'aux autres cadres. Cela a permis de poser des questions d'approfondissement pour obtenir des informations détaillées. La première partie du questionnaire visait à recueillir des données sur les opérations en ligne utilisées par les agences gouvernementales au Kenya. Les données primaires et secondaires ont été utilisées pour comparer les performances des agences gouvernementales au Kenya avant l'adoption de l'e-opération et les défis qui en découlent. L'enquête a été menée en utilisant la méthode du drop and pick auprès d'un échantillon de 10% de 175 répondants parmi les 1750 employés travaillant dans les agences gouvernementales au Kenya.

3.4 Population et échantillonnage
L'étude a été réalisée dans toutes les agences gouvernementales et plus particulièrement celles qui ont adopté les opérations électroniques. Selon Ngechu (2004), une

population est un ensemble bien défini de personnes, de services, d'éléments, d'événements, de groupes de choses ou de ménages qui font l'objet d'une enquête. Cette définition permet de s'assurer que la population étudiée est homogène. Et par population, le chercheur entend le recensement complet des bases de sondage. Selon (Kothari, 2008), un plan d'échantillonnage décrit comment l'unité d'échantillonnage, la base de sondage, les procédures d'échantillonnage et la taille de l'échantillon pour l'étude. Le cadre d'échantillonnage décrit la liste de toutes les unités de population à partir desquelles l'échantillon a été sélectionné (Cooper & Schindler, 2003). L'échantillon de répondants a été constitué à partir de cadres supérieurs ainsi que d'autres membres du personnel. Données primaires

a été recueillie au moyen de questionnaires semi-structurés. Kerlinger (2006) indique qu'un échantillon de 10% de la population cible est suffisamment grand tant qu'il permet une analyse fiable des données et permet de tester l'importance des différences entre les estimations. La taille de l'échantillon dépend de ce que l'on veut savoir, du but de l'enquête, de l'enjeu, de ce qui était utile, de ce qui était crédible et de ce qui peut être fait avec le temps et les ressources disponibles (Paton, 2002).

3.5 **Analyse des données**

Les données des questionnaires et du programme d'entretien ont été codées et les réponses à chaque point ont été classées dans des thèmes principaux spécifiques. Les données obtenues à partir des instruments de recherche ont été analysées à l'aide de statistiques descriptives (fréquences et pourcentages) et de statistiques inférentielles. Les statistiques descriptives sous forme de fréquences, de moyennes et d'écarts types ont été utilisées pour analyser les données obtenues à partir du programme d'observations (résultats du pré-test et du post-test). L'analyse de régression a été utilisée dans cette étude. L'analyse de régression est un processus statistique permettant d'estimer la relation entre les variables. L'analyse a été réalisée à l'aide du programme informatique SPSS.

La relation entre les variables est décrite ci-dessous.

L'équation de la performance a été exprimée dans l'équation suivante :

3.6 Po+ Bi X i+ p 2 X 2+ p 3 X 3+ p 4 X 4 + s, où,

Y = Performance organisationnelle des agences gouvernementales

p0 = constante (coefficient d'interception)

Xi = Qualité du service

X2 = Systèmes d'information

X3 = E-Reporting

X4 = Gestion

P 1... p 4 = coefficient de régression de quatre variables.

CHAPTER 4:   R : ANALYSE ET INTERPRÉTATION DES DONNÉES

4.1   Introduction

Ce chapitre présente l'analyse et les résultats de l'étude tels que définis dans la méthodologie de recherche. Les résultats de l'étude sont présentés pour analyser la relation entre les opérations électroniques et la performance organisationnelle des agences gouvernementales au Kenya. Les données ont été recueillies exclusivement à l'aide du questionnaire comme instrument de recherche. Le questionnaire a été conçu en fonction des objectifs de l'étude.

4.2   Analyse des données

L'étude a ciblé un échantillon de 175 répondants pour recueillir des données sur la relation entre les opérations électroniques et la performance organisationnelle des agences gouvernementales au Kenya. Sur les 175 répondants de l'échantillon, 123 ont rempli et renvoyé le questionnaire, soit un taux de réponse de 70,0 %. Ce taux de réponse louable s'est concrétisé après que le chercheur ait effectué des visites personnelles pour rappeler aux répondants de remplir et de renvoyer les questionnaires.

Tableau 4. 1 : Taux de réponse

Réponse	Fréquence	Pourcentage
Répondu à	123	70.0
Pas de réponse	52	30.0
Total	175	100.0

Source : Données de recherche (2014)

4.2.1 Sexe des répondants

En ce qui concerne le sexe des répondants, l'étude a montré qu'il y avait plus d'hommes (78%) que de femmes (22%). Ceci est illustré dans le tableau et la figure ci-dessous.

Tableau 4. 2 : Composition par sexe

Genre	Fréquence	Pourcentage
Homme	96	78
Femme	27	22
Total	123	100

Source : Données de recherche (2014)

4.2.2 Années dans le poste actuel

Les répondants ont également été invités à indiquer le nombre d'années pendant lesquelles ils ont occupé le poste actuel. D'après les résultats de l'étude, la majorité des personnes interrogées (53 %) ont indiqué qu'elles occupaient leur poste actuel depuis 0 à 2 ans, 30 % des personnes interrogées occupaient leur poste actuel depuis une période comprise entre 2 et 5 ans et 17 % des personnes interrogées occupaient leur poste actuel depuis plus de 5 ans.

Tableau 4. 3 : Nombre d'années dans le poste actuel

	FréquencePourcentage	
0 -- 2 ans	65	53
2 - 5 ans	37	30
Plus de 5 ans	21	17
Total	123	100

Source : Données de recherche (2014)

4.2.2 Tranche d'âge des répondants

L'étude a également cherché à déterminer la tranche d'âge des répondants. D'après les résultats, la majorité des répondants avaient entre 26 et 35 ans (59 %), 28 % avaient entre 20 et 25 ans et 13 % avaient plus de 35 ans.

Tableau 4. 4 : Distribution par âge

Tranches d'âge	Fréquence	Pourcentage
20 - 25 ans	34	28
26 - 35 ans	73	59
Plus de 35 ans	16	13
Total	**123**	**100**

Source : Données de recherche (2014)

4.2.3 Niveau d'éducation des répondants

L'étude a révélé que la majorité des répondants, 56 %, étaient des diplômés de premier cycle, 34 % des répondants étaient des diplômés de deuxième cycle, tandis que 10 % des répondants ont déclaré que leur plus haut niveau d'éducation était un diplôme.

Tableau 4. 5 : Niveau d'éducation

Niveau d'éducation	Fréquence	Pourcentage
Diplôme	12	10
Premier cycle universitaire	69	56
Post graduation	42	34
Total	123	100

Source : Données de recherche (2014)

4.3 Étendue de la qualité du service
4.3.1 Adoption des TIC dans les opérations

En ce qui concerne la mesure dans laquelle les ministères ont adopté les progrès des TIC dans les opérations, l'étude a révélé que la connectivité des succursales a été entreprise dans une mesure modérée, comme le montre un score moyen de 2,5738, les SMS (messages texte) ont été entrepris dans une mesure modérée, comme le montre un score moyen de 2,7705.7705, les services bancaires/paiements mobiles (Mpesa/Zap) ont été entrepris dans une mesure modérée comme le montre un score moyen de 2,8689, ainsi que la compréhension de la prestation de services a été entreprise dans une mesure modérée comme le montre un score moyen de 2,9672, tandis que l'imagerie documentaire a été entreprise dans une grande mesure comme le montre un score moyen de 1,5410.

Tableau 4. 6 : Adoption des TIC dans les opérations

Activités	Moyenne	Dév. std.
SMS (messages texte)	2.7705	1.58528
compréhension de la prestation de services	2.9672	1.77921
Services bancaires/paiements mobiles (Mpesa/Zap)	2.8689	1.57560
connectivité des succursales	2.5738	1.45441
Imagerie documentaire	1.5410	2.77833

Source : Données de recherche (2014)

4.3.3 Étendue des déclarations sur les obstacles à la qualité du service dans les ministères

Tableau 4. 7 : Obstacle à la qualité du service dans les départements

	Moyenne	Ecart-type
Questions de sécurité	3.48	1.47
Soutien de la direction générale	4.29	0.89
La peur de la technologie chez les dirigeants	4.00	1.04
Niveau d'alphabétisation des clients	4.64	0.85
Sensibilisation des clients	4.21	0.92
Intégration des systèmes d'information	3.85	1.23
Manque de compétences du personnel informatique.	3.60	1.35

Source : Données de recherche (2014)

L'étude montre que l'ampleur de la barrière à la qualité de service par les facteurs respectifs est indiquée par les moyennes et les écarts types respectifs. D'après le tableau, le niveau d'alphabétisation des clients est la plus grande barrière à la qualité de service, tandis que les questions de sécurité donnent les mesures les plus faibles quant à l'étendue de la barrière à la qualité de service, c'est-à-dire que les questions de sécurité entravent le moins la qualité de service. Les moyennes vont des mesures élevées aux mesures faibles avec des écarts minimes.

4.3.4 : Systèmes d'information

Tableau 4. 8 : Degré d'utilisation de la technologie dans les aspects suivants de la gestion des risques

	Moyenne	Dév. std.
Analyse des risques	4.17	0.93
Contrôle des risques	4.48	0.92
Surveillance des risques	4.45	0.94
Estimation du risque et risque évaluation (appréciation)	4.23	0.95
Minimiser leur impact en traitant la probabilité et l'impact direct	4.20	0.83

Source : Données de recherche (2014)

D'après le tableau, la technologie est l'outil le plus utilisé pour contrôler le risque avec les mesures les plus élevées (moyenne et écart-type), bien que la technologie joue également un rôle presque équivalent en affectant d'autres aspects du risque, elle est très importante dans le contrôle du risque. La moyenne est élevée et l'écart-type faible.

4.3.5 Rapports électroniques (E-Reporting)
Tableau 4. 9:Effet modéré de la performance sur l'E-Reporting dans le département

Facteurs	Moyenne	Ecart type
Dynamisme environnemental	2.26	1.42
Orientation externe	3.10	1.16
Intégration de la technologie dans la stratégie d'une entreprise gestion	3.50	1.35
Engagement de la direction à l'égard de la technologie	4.36	1.10
Expérience antérieure de l'entreprise en matière de technologie	2.26	1.42
Satisfaction des utilisateurs à l'égard des systèmes	3.10	1.16

Source : Données de recherche (2014)

Les moyennes vont de élevées à faibles avec des écarts types relatifs. L'engagement de la direction à l'égard de la technologie a obtenu une note élevée comme effet de l'e-reporting sur la performance. Les autres facteurs sont évalués modérément ou faiblement.

4.3.6 Gestion organisationnelle
Tableau 4. 10 : Effet de la gestion sur la performance organisationnelle

	Moyenne	Dév. std.
Amélioration de la gestion des risques	4.26	1.42
Accélération du transfert et du traitement des informations	3.10	1.16
Amélioration de la qualité (rapidité, précision, accessibilité) d'information	3.50	1.35
Amélioration de la gestion du capital humain	4.36	1.10
Liaison et administration des régions améliorées	4.26	1.42

Source : Données de recherche (2014)

La moyenne va de élevée à modérée avec un écart-type relatif. La gestion organisationnelle est donc un aspect important et critique de la performance.

4.4. Analyse de régression
Le chercheur a effectué une analyse de régression multiple. Cela a été fait pour tester la relation entre les variables (indépendantes) sur la relation entre les e-opérations et la performance organisationnelle parmi les agences gouvernementales. Le progiciel statistique pour les sciences sociales (SPSS) a été utilisé pour coder, saisir et calculer les mesures des régressions multiples de l'étude.

Tableau 4.11 : Résumé du modèle

Modèle	R	Carré R	Carré ajusté	R Erreur std. de la Estimation
1	.796(a)	.893	.591	.42945

Source : Données de recherche (2014)

Le coefficient de détermination explique dans quelle mesure les changements de la variable dépendante peuvent être expliqués par les changements des variables indépendantes ou le pourcentage de variation de la variable dépendante (E-operation) qui est expliqué par les quatre variables indépendantes (E-reporting, Système d'information, qualité du service, gestion organisationnelle). D'après le tableau, les coefficients de détermination sont de 89,3%.

Tableau 4.12 : ANOVA (b)

Modèle	Somme de Carrés		Df	Carré moyen	F	Sig.
1	Régression	36.739	3	12.913	13.948	.000(a)
	Résiduel	20.461	32	.864		
	Total	57.200	23			

Source : Données de recherche (2014)

La valeur de signification est de 0,000, ce qui est inférieur à 0,05. Le F critique au niveau de signification de 5% est de 2,32. Le F calculé est supérieur au F critique (valeur=13,948).

Tableau 4.13 : Coefficients (a)

Modèle	Non normalisé Coefficients			Normaliser d Coefficients	t	Sig.
		B	Erreur std.	Bêta		
1	(Constant)	.423	.369		.290	.004
	Qualité du service	.453	.148	.757	5.869	.001
	Système d'information	.205	.123	.115	.935	.003
	E-reporting	.295	.138	.092	.688	.002
	Gestion organisationnelle	.258	.131	.087	.674	.002

b) Variable dépendante : E-opérations **Source : Données de recherche (2014)**

CHAPITRE CINQ : RÉSUMÉ DES RÉSULTATS CONCLUSIONS ET RECOMMANDATIONS

5.1 Introduction

Ce chapitre résume les résultats du chapitre 4 et présente les conclusions et les recommandations de l'étude en fonction de ses objectifs.

5.2 Résumé des conclusions

L'objectif général de cette étude était d'établir la relation entre les e-opérations et la performance organisationnelle des agences gouvernementales. Le chercheur a utilisé des données primaires obtenues par le biais de questionnaires auto-administrés comportant des questions fermées et ouvertes. Les résultats de l'étude ont révélé que la qualité du service était un aspect clé qui différenciait les offres de service et contribuait à créer un avantage concurrentiel pour l'organisation. L'étude discute de la signification de ces résultats à l'aide d'exemples particuliers tirés des transcriptions des entretiens.

L'étude a cherché à établir le degré d'accord avec l'énoncé de l'obstacle à la qualité du service dans le département des répondants. D'après l'étude, la majorité des répondants sont d'accord dans une très large mesure avec l'affirmation selon laquelle le niveau d'alphabétisation des clients constitue un obstacle à la qualité du service dans le département, comme le montre une moyenne de 4,64 et un écart type de 0,85. Les personnes interrogées sont également d'accord dans une large mesure sur le fait que le manque de soutien de la direction générale est un obstacle à la qualité du service dans les départements, comme le montre une moyenne de 4,29 et un écart type de 0,89, que la peur de la technologie par la direction est également un obstacle à la qualité du service dans leurs départements, comme le montre une moyenne de 4,00 et un écart type de 1,04, que le manque d'intégration des systèmes d'information est un obstacle à la qualité du service dans leurs départements, comme le montre une moyenne modérée de 3.Le manque d'intégration des systèmes d'information est un obstacle à la qualité du service dans leurs départements, comme le montre une moyenne modérée de 3,85 et un écart type de 1,23 ; le manque de compétences du personnel informatique est un obstacle à la qualité du service dans une mesure modérée, comme le montre une moyenne de 3,60 et un écart type de 1,35 ; enfin, les répondants sont d'accord dans une mesure modérée sur le fait que les problèmes de sécurité sont un obstacle à la qualité du service dans leurs départements, comme le montre une moyenne de 3,48 et un écart type de 1,47. Selon Akesson et Edvardsson (2010), l'étude a révélé cinq dimensions de changement dans la conception des services en raison de l'introduction des opérations électroniques dans le gouvernement (rencontre des services et processus de service ; les clients en tant que co-créateurs et producteurs uniques de services ; efficacité ; complexité accrue ; et intégration).

En ce qui concerne l'étendue de l'utilisation de la technologie sur les aspects de la gestion des risques, la majorité des répondants ont convenu dans une très large mesure que la technologie était utilisée pour le contrôle des risques sur la gestion des risques, comme le montre une moyenne de 4,8 ; que la technologie était utilisée pour la surveillance des risques en tant qu'aspect de la gestion des risques dans une très large mesure, comme le montre une moyenne de 4,45 ; en outre, le répondant a convenu dans une large mesure que la technologie était utilisée pour l'estimation des risques et l'évaluation des risques en tant qu'aspect de la gestion des risques, comme le montre un score moyen de 4,23.23;Que la technologie a été utilisée dans la minimisation de leur impact en abordant la probabilité et l'impact direct en tant qu'aspect de la gestion des risques dans une large mesure comme le montre une moyenne de 4,20 et enfin le répondant dans le département a convenu dans une mesure modérée que la technologie avait été utilisée dans l'analyse des risques en tant qu'aspect de la gestion des risques comme le montre une moyenne de 4,17 dans le tableau ci-dessus.

L'étude a également cherché à établir le degré d'accord avec les déclarations relatives à l'effet de l'E-reporting dans le département. D'après l'étude, la majorité des personnes interrogées sont d'accord dans une large mesure avec l'affirmation selon laquelle l'engagement de la direction générale envers la technologie a une incidence sur la performance en matière de rapports électroniques, comme le montre une moyenne de 4,36 et un écart type de 1,10 ; l'affirmation selon laquelle l'intégration de la technologie dans la gestion stratégique d'une entreprise a une incidence importante sur les rapports électroniques, avec une moyenne de 3,5 ; l'affirmation selon laquelle la satisfaction des utilisateurs à l'égard des systèmes et l'orientation externe ont une incidence modérée sur la performance des rapports électroniques dans le ministère.Enfin, le dynamisme de l'environnement et l'expérience antérieure de l'entreprise en matière de technologie ont eu une faible incidence sur la performance de l'e-reporting dans le département, comme le montre la moyenne de 2,26 respectivement dans le tableau ci-dessus. Les résultats sont liés à ceux de Jones *et al.* (2009) qui mentionnent dans leur travail que les opérations électroniques dans le gouvernement au cours des prochaines années vont transformer à la fois la façon dont les services publics sont fournis et la relation fondamentale entre les gouvernements, la communauté et les citoyens.

En ce qui concerne le niveau d'accord avec les énoncés sur l'effet de la gestion sur la performance organisationnelle, la majorité des répondants étaient d'accord dans une large mesure avec le fait que l'amélioration de la gestion du capital humain a affecté la performance de l'organisation par un score moyen de 4,36, que l'amélioration de la qualité (opportunité, exactitude, accessibilité) de l'information a affecté la performance organisationnelle par un score moyen de 3,50 ; que l'accélération du transfert et du traitement de l'information a affecté la performance organisationnelle dans une mesure modérée par un score moyen de 3,10.Les répondants étaient également d'accord pour dire que l'amélioration de la gestion des risques et l'amélioration de la liaison avec les régions et de l'administration avaient un impact important sur la performance de l'organisation, comme le montre la moyenne de 4,26 respectivement. .

Les quatre variables indépendantes étudiées n'expliquent que 89,3% de la relation entre l'e-opération et la performance organisationnelle des agences gouvernementales, comme le montre le R^2 . Cela signifie donc que d'autres facteurs non étudiés dans cette recherche contribuent pour 10,7% à la relation entre l'e-opération et la performance organisationnelle des agences gouvernementales. Par conséquent, d'autres recherches devraient être menées pour étudier les autres facteurs (10,7%).

La valeur de signification est de 0,000, ce qui est inférieur à 0,05. Le modèle est donc statistiquement significatif pour prédire comment l'E-reporting, le système d'information, la qualité de service et la gestion organisationnelle affectent la performance de l'organisation. Le F critique au niveau de signification de 5% était de 2,32. Comme le F calculé est supérieur au F critique (valeur = 13,948), cela montre que le modèle global est significatif.

Selon l'équation de régression établie, en prenant tous les facteurs en compte (qualité de service, système d'information, E-reporting, gestion organisationnelle) constants à zéro, E-operation sera de 0,423. Les résultats de l'analyse des données ont également montré que si toutes les autres variables indépendantes sont à zéro, une augmentation unitaire de la qualité de service entraînera une augmentation de 0,453 de l'E-opération ; une augmentation unitaire du système d'information entraînera une augmentation de 0,205 de l'E-opération ; une augmentation unitaire de l'E-reporting entraînera une augmentation de 0,295 de l'E-opération ; une augmentation unitaire de la gestion organisationnelle entraînera une augmentation de 0,258 de l'E-opération. Ceci implique que la qualité du service contribue davantage à l'E-opération, suivie par l'E-reporting. Au niveau de signification de 5% et au niveau de confiance de 95%, la qualité du service a un niveau de signification de 0.001 ; le système d'information a un niveau de signification de 0.003, le rapport électronique a un niveau de signification de 0.002, la gestion organisationnelle a un niveau de signification de 0.02, donc le facteur le plus significatif est la qualité du service.

En ce qui concerne le système d'information, l'étude a révélé que le Kenya, comme beaucoup d'autres pays en développement, a rejoint la course à l'adoption des opérations électroniques dans le gouvernement, mais dépend largement des conceptions des technologies de l'information des nations industrialisées. L'artefact informatique est contextuel, ce qui suggère que cette "forme" informatique socialement et humainement reconnaissable diffère non seulement dans son essence mais aussi dans ses effets. Les opérations électroniques au sein du gouvernement offrent de nombreuses possibilités d'améliorer la qualité du service aux citoyens. L'étude a également révélé que la gestion jouait un rôle essentiel dans la performance de l'organisation. L'amélioration de la gestion des risques et l'amélioration de la liaison avec les régions et de l'administration ont affecté les performances de l'organisation.

5.3 Conclusions

Sur la base des résultats ci-dessus, l'étude conclut que la technologie a été utilisée dans une large mesure dans divers départements, notamment : L'analyse des risques, le contrôle des risques, la surveillance des risques et l'évaluation des risques. Suggérer que la qualité du service est un aspect clé qui différencie les offres de service et aide à construire un avantage concurrentiel. Le succès d'une entreprise peut simplement être la mesure dans laquelle votre organisation peut produire un produit ou un service de meilleure qualité que ce que vos concurrents sont capables de faire à un prix compétitif. Lorsque la qualité est la clé du succès d'une entreprise, les systèmes de gestion de la qualité permettent aux organisations de suivre et de respecter les niveaux de qualité actuels, de répondre aux exigences de qualité du consommateur, de retenir les employés grâce à des programmes de rémunération compétitifs et de rester à la pointe de la technologie. Un système de gestion de la qualité est une technique de gestion utilisée pour communiquer aux employés ce qui est nécessaire pour produire la qualité souhaitée des produits et des services et pour influencer les actions des employés afin qu'ils accomplissent les tâches conformément aux spécifications de qualité.

L'étude conclut en outre que les facteurs critiques de succès ont eu un effet positif sur l'adoption des TIC dans la GCL : taille de l'organisation, structure organisationnelle décentralisée, climat transactionnel et pression des membres de la chaîne d'approvisionnement, et incertitude environnementale. La mission du département est d'employer les meilleures pratiques commerciales en fournissant des services de soutien juridique, de planification et opérationnel axés sur le client, rentables, proactifs et opportuns pour une administration fiscale améliorée et efficace, et sa vision est d'être le principal fournisseur de services de soutien respecté pour son professionnalisme, son pragmatisme et son adaptabilité. L'étude a également permis de conclure que le manque de soutien de la direction, la peur de la technologie, les problèmes de sécurité, le niveau d'alphabétisation des clients et le manque de compétences du personnel informatique constituaient un obstacle à la qualité du service dans le département.

5.4 Recommandations

L'étude recommande aux agences gouvernementales d'adopter les opérations électroniques dans les différents départements afin d'améliorer l'efficacité du travail. L'étude recommande également que le manque de soutien de la direction, les problèmes de sécurité, le niveau d'alphabétisation des clients, la peur de la technologie de la part de la direction et le manque de compétences du personnel informatique soient des obstacles à la qualité du service. Des mesures devraient être prises pour résoudre ces problèmes par la formation, le soutien de la direction, l'emploi de personnel de sécurité afin d'atteindre la performance organisationnelle.

5.5 Suggestions pour la poursuite des recherches

Une étude similaire pourrait être menée sur des organisations pour voir si les mêmes résultats sont valables en testant les variables de cette étude sur d'autres organisations pratiquant l'e-opération. Une étude similaire devrait également être réalisée, dans laquelle la collecte de données repose sur des données primaires, c'est-à-dire des questionnaires approfondis et un guide d'entretien, afin de compléter cette étude. En raison des lacunes des modèles de régression, d'autres modèles peuvent être utilisés pour expliquer les différentes relations entre l'e-opération et la performance organisationnelle.

RÉFÉRENCES

Ahmed, (1998). The Identity Crisis within the IS Discipline : Définir et communiquer les propriétés essentielles de la discipline. *MIS Quarterly* (27)2, juin pp.183-194.

Ajzen et Fishbein (1980). Mesure et évaluation du transfert de technologie : examen des mécanismes et des indicateurs de transfert de technologie. *International Journal of Technology Management*, 10(7/8), 663-664.

Ard L. (199Bouch3). Les critères de décision dans l'adoption de l'EDI. Dans les Actes du

Quatorzième conférence internationale sur les systèmes d'information, Floride, pp. 365-376.

Boyer,K.K.,Halowell,R.,Ruth,A.V (2002) 'e- service and method for analyzing operational benefits',*journal of operations management* Vol.20 pp175-99

Coleman S. (2006) *African e-Governance - Opportunities and Challenges*, Université d'Oxfordhi, Oxford University Press.

Creswell (2002). Kenyan Economy", *étude réalisée par le Kenya Institute for Public Policy Research and Analysis (KIPPRA) pour le compte du ministère du commerce et de l'industrie*, Nairobi.

5.6	tin, G.G., Sommer, M.H. et VisSommer, V. (2003). Introduction. Dans Curtin, G.G., Sommers, M.H. et VisSommer, V. (eds). *The World of E-operations in government*. New York : The Haworth Political Press, 1-16.

G. D. Garson, (2004). A Comprehensive framework for the assessment of E-operations in government Projects. *Government Information Quarterly*, 25, 118-132.

Gall, et al, (2003). National ICT Policy. *Publications du gouvernement du Kenya*, Disponible

En ligne à l'adresse suivante : www.information.go.ke

Gilbert, D. et Balestrini, P. (2004). Barriers and Benefits in the Adoption of e-operations in government, *The International Journal of Public Sector Management*, 17, 4, 286301.

GOK-EGS, (2004). Stratégie d'e-opérations dans le gouvernement : Le cadre stratégique, la structure administrative, les exigences de formation et le cadre de normalisation. *Publications du gouvernement du Kenya*, disponible en ligne à l'adresse suivante : www.e-operations in government.go.ke (12/7/2005)

GOK-ERS, (2004). *Economic Recovery Strategy for Wealth and Employment Creation, 2003-2007*, Government Printers, 2003.

GOK-FIP, (2007). Politique sur la liberté d'information. *Publications du gouvernement du Kenya*, disponible en ligne à l'adresse suivante : www.information.go.ke.

Grant, R.M. (1991), "*The resource-based theory of competitive advantage*", California Management Review, Vol. 33 No.3, pp.114-35.

Gronlund, A. (2005). State of the Art in E-operations in government Research : Recherche de publications de conférences. *International Journal of Electronic Government Research*, 1(4).

Harvey, M. (2000). "Innovation and competition in UK supermarkets", Supply Chain Management : *An International Journal*, 5(1)15-21.

Hazlett S.A et Hill F.(2003). *E-operations in government : the realities of using IT to transform the Public Sector Managing service Quality* Vol. 13 No.6, pp 445-452.

Heeks, R. (2003). Achieving Success/Avoiding Failure in e-operations in government *Projects, IDPM, Univ. of Manchester.* http://www.egov4dev.org/success/sfdefinitions.shtml.

Heeks, R., (2003). *Reinventing government in the information age : International practice in IT-enabled public sector reform.* Londres et New York : Routledge.

Heeks, R.B. (2002). Taux de réussite et d'échec du gouvernement électronique dans les pays en développement. *Document de travail*, IDPM, Université de Manchester, 2002, Disponible en ligne à l'adresse http://www.egov4dev.org(12/4/2005)

Kakabadse et al (2003), *reinventing the democratic governance project through IT?A growing agenda for debate* .Public administration Review. 63(1) : 44-60

Kerby, R. (2005), " *e-operations in government* : provide value to citizens ".

Kerlinger (2006). *modèles contemporains de démocratie.* Polity Vol.33(4) pp 547-568

KIPPRA. 2004a. "*Tax Compliance Study*", Tax Policy Unit, Macroeconomics

Division, Kenya Institute of Public Policy Research and Analysis, Nairobi.

KIPPRA. 2004b. "*Tax Reform Experience and the Reform Agenda for Kenya*", Policy Brief No 3, Kenya Institute of Public Policy Research and Analysis, Nairobi.

KIPPRA. 2005. " *Évaluation de l'impact potentiel des accords de partenariat économique* ".

Kiringai. J, Njuguna. N et S. Karingi. 2002. " *Tobacco Excise Tax in Kenya : An Appraisal*", Discussion Paper No. 21, KIPPRA, Nairobi.

Kirlidog, M. (1996). Transfert des technologies de l'information vers un pays en développement : les systèmes d'information des cadres en Turquie. *Information Technology & People*, 9(3) : 55-84

Agences gouvernementales au Kenya. 2004. *Bulletin trimestriel du personnel*, Agences gouvernementales au Kenya, édition n° 22, décembre 2004.

Kumar, V., Kumar, U., & Persuad, A. (1999). Building technological capability through importing technology : The case of Indonesian manufacturing industry. *Journal of Technology Transfer*, 24, 81-96.

Kumar, V., Kumar, U., Dutta, S., Fantazy, K. (2008). Projets de transfert de technologie à grande échelle parrainés par l'État dans le contexte d'un pays en développement. *Journal of Technology Transfer*, 32, 629-644.

Kumar, V., Mukerji, B., Irfan, B. et Ajax, P. (2007) Factors for Successful e-operations in government Adoption : A Conceptual Framework, *The Electronic Journal of eoperations in government*, 5, 1, 63-77.

Ladner, R., Petry, F., McGreedy, F., (2008), " e-operations in government Capabilities for the 21st Century ", *International Journal of Electronic Government Research*, Volume 4 (1).

Lai, K.H. (2004), "*Service capability and performance of logistics service providers*", Transportation Research Part E, 40(95) : 385-99.

Lanckriet et Heene, (1999). Realising e-operations in government in the UK : rural and urban challenges, *The Journal of Enterprise Information Management*, 18, 5, 568585.

McAfee, A. (2002), "*The impact of enterprise information technology adoption on operational performance : an empirical investigation*", Production and Operations

Management, Vol. 11(1) : 33-53.

Mclean, M. et Jelassi, T.2003, '*the role of information Technology in the modernization of e-operations in government*',pp237-245.

Mehrtens, J., Cragg, P.B., et Mills, A.M. (2001) A Model of Internet Adoption by SMEs, *Information and Management*, 39, 165-176.

Rapport du MOH (2007). Evaluation du système d'information sanitaire en Zambie, www.who.int/entity/healthmetrics/library/countries/hmn_zmb_hisassessment.pdf

Muganda-Ochara, N (2008). "Emergence de l'artefact E-operations in government dans un environnement d'exclusion sociale au Kenya". *The African Journal of Information Systems*. Volume 1(1), pp. 18-43.

Muir, A. et Oppenheim, C. (2002) National Information Policy Developments Worldwide in Electronic Government, *Journal of Information Science*, 28, 3, 173 - 186.

Murphy, P.R., Poist, R.F. (2000), "Third-party logistics : some user versus provider perspective", Journal of Business Logistics, 21(1)121-31.

Napoli, J., Ewing, M.T., et Pitt, L.F. (2000). Factors Affecting the Adoption of the Internet in the Public Sector, *Journal of Nonprofit and Public Sector Marketing*, 7, 77-88.

OCDE (2009). *Études de l'OCDE sur les opérations en ligne des administrations publiques : Repenser l'e-opérationnalité des services publics : approches centrées sur l'utilisateur*, OCDE, Paris.

Orlikowski, W.J. et Lacono, C.S. (2001). Commentaire sur la recherche : Desperately Seeking the 'IT' in IT Research - A Call to Theorizing the Artifact. *Information Systems Research*, 12:2, pp. 121-134 [électronique] Disponible sur EBSCOhost Research Databases, Article AN 5189032 (5 juillet 2005).

Pinho *et al.* (2008). E-opérations équilibrées dans le gouvernement : E-operations in government - Connecting Efficient Administration and Responsive Democracy. Une étude de la Fondation Bertelsmann, http://www-it.fmi.uni-sofia.bg/eg/res/balancede-gov.pdf.

Saunders et al. (2009). Benchmarking E-operations in government : A Global Perspective, Division de l'économie publique et de l'administration publique des Nations Unies, http://unpan1.un.org/intradoc/groups/public/documents/UN/UNPAN021547.pdf.

Sawyer, S., & Chen T.T., (2004). Conceptualisation de la technologie de l'information dans l'étude des systèmes d'information : Trends and Issues. Actes de la *conférence du groupe de travail 8.2 de l'IFIP* Manchester, UK 15-17 juillet 2004 Rétrospective de la 20e année : Théorie pertinente et pratique éclairée ? Regarder vers l'avant à partir d'une perspective de 20 ans sur la recherche en SI

Sein, M.K., (2004). Conceptualisation de l'artefact TIC : vers la compréhension du rôle des TIC dans le développement national. *The Information Society*, 20, 15-24 [électronique], disponible dans les bases de données de recherche EBSCOhost, article AN 12703003 (7 juillet 2005).

Simenda, K. (2009). Gouvernement électronique/mobile en Afrique : Progress Made and Challenges Ahead, Addis Abeba, Ethiopie, http://www.unpan.org/emgkr africa

Strejcek, G. et Theil, M. (2002). Technology Push, Legislation Pull. E-operations in government in the European Union. Decision Support System, 34 (3) : 305-313

Swanson,et Crowston K,. (2004). Les systèmes d'information dans les organisations et la société : Speculating on the Next 25 Years of Research. Actes de la conférence du *groupe de travail 8.2 de l'IFIP* Manchester, UK 15-17 juillet 2004 Rétrospective de la 20ème année : Théorie pertinente et pratique éclairée ? Regarder vers l'avant à partir d'une perspective de 20 ans sur la recherche en SI

Tassabehji, R. et Elliman, T. (2006). Generating Citizen Trust in e-operations in government Using a Trust Verification Agent : A Research Note. Conférence européenne et méditerranéenne sur les systèmes d'information (EMCIS), http://www.iseing.org/emcis/EMCIS2006/

Proceedings/Contributions/EGISE/eGISE4.pdf

Thorbjornsen, H., Supphellen, M., Nysveen, H., et Pedersen, P.E. (2002). Building Brand Relationship Online : A Comparison of Two Interactive Applications, *Journal of Interactive Marketing*, 16, 3, 17-34.

Titah, R. et Barki, H. (2006). E-operations in government Adoption and Acceptance : A Literature Review, *International Journal of Electronic Government Research*, 2, 3, 23-57.

Rapport des Nations Unies, (2008). Recherche 2008 sur les opérations électroniques des gouvernements : From Eoperations in government to Connected Governance, ISBN 978 -92-1-123174-8, Livre blanc des Nations unies   , http://unpan1.un.org/intradoc/groups/public/documents/UN/UNPAN028607.pdf

Waema, T., Mitullah, W. (2007), E-Governance and Governance : A Case Study of the Assessment of the Effects of Integrated Financial Management System on Good Governance in Two Municipal Councils in Kenya. *ICEGOV2007*, 10-13 décembre 2007, Macao.

Wang (2002) User Acceptance of Information Technology : Toward a Unified View, *MIS Quarterly*, 27, 3, 425-478.

Wangpipatwong, S., Chutimaskul,W. et Papasratorn, B. (2005) A Pilot Study of Factors Affecting the Adoption of Thai E-government Websites. L'atelier international sur les technologies de l'information appliquées, Bangkok, Thaïlande, 15-21, 25-26 novembre.

Warkentin, M., Gefen, D., Pavlou, P.A., et Rose, G.M. (2002) Encouraging Citizen Adoption of e-operations in government by Building Trust, *Electronic Markets*, 12, 3, 157-162.

Yildiz, M., (2008). E-operations in government : initiatives, developments, and issues. *Government Information Quarterly*, 24, 646-665.

Zhao, M., Droge, C., Stank, T.P. (2001), "The effects of logistics capabilities on firm performance : customer-focused versus information-focused capabilities", Journal of Business Logistics, 22(2) ; 91-107.

Zhu, J.J.H. et He, Z. (2002), Perceived Characteristics, Perceived Needs, and Perceived Popularity : Adoption and Use of the Internet in China, Communication Research, 29, 4, 466-495.

ANNEXES

ANNEXE I : QUESTIONNAIRE
INSTRUCTIONS ;

Veuillez répondre aux questions suivantes en écrivant une brève réponse ou en cochant l'espace ou les cases prévus à cet effet.

Partie A

1. Département...

2. Sexe. Homme [ ]   Femme   [ ]

3. Position------------------------------

4. Nombre d'années dans le poste actuel

0 -- 2 ans [ ] 2 - 5 ans [ ] Plus de 5 ans [ ]

5. Âge

20 - 25 ans [ ] 26 - 35 ans [ ] plus de 35 ans [ ]

6. Niveau d'éducation

Diplôme [ ] Premier cycle [ ] Second cycle [ ]

Partie B : Étendue de la qualité du service

7. Dans quelle mesure votre département a-t-il adopté les avancées suivantes en matière de TIC dans ses opérations ?

Aspect	Très faible étendue	Faible étendue	Modéré étendue	Grande étendue	Très grande étendue
Connectivité des filiales					
SMS (messages texte)					
Mobile services bancaires/paiements (Mpesa/Zap)					
Compréhension de la prestation de services					
Imagerie documentaire					

8. Dans quelle mesure chacun des éléments suivants constitue-t-il un obstacle à la qualité du service dans votre département ?

	Pas d'étendue	Faible étendue	Modéré	Grande étendue	Très grande étendue
Questions de sécurité					
Soutien de la direction générale					
La peur de la technologie chez les dirigeants					
Niveau d'alphabétisation des clients					
Sensibilisation des clients					
Intégration des systèmes d'information					
Manque de compétences du personnel informatique.					

Section C : Systèmes d'information

12. Dans quelle mesure la technologie a-t-elle été utilisée dans les aspects suivants de la gestion des risques dans votre département ?

	Très grande étendue	Grande étendue	Modéré étendue	Petit étendue	Pas du tout
Analyse des risques					
Contrôle des risques					
Surveillance des risques					
Estimation et évaluation des risques (évaluation)					
Minimiser leur impact en traitant la probabilité et l'impact direct					

Section D : E-Reporting

9. Dans quelle mesure les facteurs suivants modèrent-ils l'effet de performance de l'E-Reporting dans votre département ?

Facteurs	Très faible étendue	Faible étendue	Modéré étendue	Grande étendue	Très grande étendue
Dynamisme environnemental					
Orientation externe					
Intégration de la technologie dans la gestion stratégique d'une entreprise					
Engagement de la direction à l'égard de la technologie					
Expérience antérieure de l'entreprise en matière de technologie					
Satisfaction des utilisateurs à l'égard des systèmes					

Section E : Gestion organisationnelle

11. Quel est votre niveau d'accord sur les points suivants concernant l'effet de la gestion sur la performance organisationnelle ?

Effet	Tout à fait d'accord	D'accord	Neutre	Pas d'accord	Pas du tout d'accord
Amélioration de la gestion des risques					
Accélération du transfert et du traitement des informations					
Amélioration de la qualité (actualité, exactitude, accessibilité) des informations					
Amélioration de la gestion du capital humain					
Amélioration de la liaison avec les régions Administration					

AGENCES GOUVERNEMENTALES AU KENYA PERFORMANCE AVANT ADOPTION

D'E-OPÉRATIONS

Veuillez indiquer le niveau de performance dans les cases prévues à cet effet dans le tableau ci-dessous

Indicateurs	Croissance ou décroissance annuelle dans l'année (%)					Croissance ou décroissance moyenne
Année	1999/ 2000	2000/ 01	2001/ 02	2002/ 03	2003/0 4	
Revenu						
Base de clients						
Nombre d'employés						
Service diversification/livraison						

PERFORMANCE DES AGENCES GOUVERNEMENTALES AU KENYA APRÈS L'ADOPTION DE

E-OPERATIONS

Veuillez indiquer le niveau de performance dans les cases prévues à cet effet dans le tableau ci-dessous

Indicateurs	Croissance ou décroissance annuelle dans l'année (%)					Croissance ou décroissance moyenne
Année	2005/ 2006	2006/ 07	2007/ 08	2008/ 09	2009/1 0	
Revenu						
Base client/fiscalité						
Nombre d'employés						
Service diversification/livraison						

10. Quels sont les facteurs qui empêchent la pleine exploitation de la technologie et qui, par conséquent, affectent les performances de votre département ?

13. Quel autre aspect de la performance est amélioré par l'adoption des TIC dans votre département ?

Printed by Books on Demand GmbH, Norderstedt / Germany